中华人民共和国交通部

公路工程基本建设项目设计文件编制办法

交公路发〔2007〕358号

主编单位：中交第一公路勘察设计研究院有限公司
批准部门：中华人民共和国交通部
施行日期：2007年10月01日

人民交通出版社

图书在版编目(CIP)数据

公路工程基本建设项目设计文件编制办法/中交第一公路勘察设计研究院有限公司编.—北京:人民交通出版社,2007.9

ISBN 978-7-114-06746-4

Ⅰ.公… Ⅱ.中… Ⅲ.道路工程-基本建设项目-设计-文件-编制-中国 Ⅳ.F542.3

中国版本图书馆 CIP 数据核字(2007)第 122781 号

中华人民共和国交通部

Gonglu Gongcheng Jiben Jianshe Xiangmu Sheji Wenjian Bianzhi Banfa

公路工程基本建设项目设计文件编制办法

中交第一公路勘察设计研究院有限公司　主编

人民交通出版社出版发行

(100011　北京市朝阳区安定门外外馆斜街 3 号)

各地新华书店经销

北京虎彩文化传播有限公司印刷

开本:880×1230　1/16　印张:4.5　字数:90 千

2007 年 9 月　第 1 版

2025 年 6 月　第 13 次印刷

定价:26.00 元

ISBN 978-7-114-06746-4

交 通 部 文 件

交公路发〔2007〕358 号

关于公布《公路工程基本建设项目设计文件编制办法》和《公路工程基本建设项目设计文件图表示例》的通知

各省(区、市)交通厅(委),上海市市政工程管理局,天津市市政公路管理局,新疆生产建设兵团交通局:

现公布《公路工程基本建设项目设计文件编制办法》和《公路工程基本建设项目设计文件图表示例》,自 2007 年 10 月 1 日起施行。原《公路工程基本建设项目设计文件编制办法》(交公路发〔1995〕1036 号)和《公路工程基本建设项目设计文件图表示例》同时废止。

中华人民共和国交通部

二〇〇七年七月三日

主题词:公路　设计　办法　通知

抄送:北京市路政局、上海市公路处。

交通部办公厅　　2007 年 7 月 9 日印发

前　言

《公路工程基本建设项目设计文件编制办法》(交公路发〔1995〕1036号)自1996年颁布实施以来,对指导全国公路工程勘察设计文件编制起到了重要作用。近年来,我国公路勘察设计工作取得了长足进步,理念不断提升,技术不断进步,水平不断提高。同时,国家社会经济发展,也对设计质量提出越来越高的要求。为了更好地利用公路勘察设计新技术、新成果,提高设计质量,建设"安全、耐久、节约、和谐"的公路工程,需要进一步规范和提高公路勘察设计文件编制内容和水平。为此,根据交通部《关于下达2006年度公路工程标准制修订项目计划的通知》(交公路发〔2006〕439号),中交第一公路勘察设计研究院有限公司在原编制办法的基础上,吸收了近年来勘察设计的经验,广泛征求了有关部门的意见,并经过反复斟酌修改,完成了修订工作。

修订后的《公路工程基本建设项目设计文件编制办法》,加强了对设计深度的要求,更加注重设计细节,重视基础资料的收集与应用;加强了对总体设计的要求,总体设计范围由高速公路、一级公路扩展到所有等级的公路,总体设计的内容由强调工程专业间的协调,扩展到工程与社会环境的总体协调;加强了对安全的要求,将标志、标线、护栏等安全设施设计由交通工程章节调整至主体工程设计章节,使之与主体工程设计更好地结合,增加了运行速度对运营安全模拟检验的内容;加强了对改(扩)建项目设计的要求,尤其增加和细化了高速公路扩建设计内容;加强了对资源节约和环境保护的要求,强调公路建设与社会、自然环境的和谐。

请各有关单位在使用中注意总结经验,若有意见和建议,请函告中交第一公路勘察设计研究院有限公司(地址:陕西省西安市高新技术开发西区科技二路63号,邮编:710075,电话:029-88322888、029-88320601),以便再次修订时研用。

编 制 单 位:中交第一公路勘察设计研究院有限公司
主要起草人:王安惠　林宣财　张永刚　王似舜　王华牢　韩敦赞　李宏斌
杨晓东　周　卫　郭腾峰　李祝龙　张景博　万　一
参 加 人 员:李　刚　王兴达　王万平　李宏杰　张社升　孟学清　吴善根
石剑欣　韩　杰　郭瑞平　徐　佳　高晓波　齐　菲　宋　军

目　录

1 总　　则

1.0.1 本办法适用于新建和改(扩)建的公路工程基本建设项目,公路养护的大、中修工程可参照执行。斜拉桥、悬索桥等特殊结构桥梁设计文件按有关办法要求编制。

1.0.2 公路工程设计文件是安排建设项目、控制投资、编制招标文件、组织施工和竣工验收的重要依据。

1.0.3 设计文件的编制,必须贯彻国家有关方针政策,按照基本建设程序和有关标准、规范、规程,精心设计,做到客观、公正、准确。

1.0.4 设计必须贯彻"安全、耐久、节约、和谐"的设计理念。应遵循因地制宜、就地取材的原则;结合我国经济、技术条件,吸取国内外先进经验,积极采用新技术、新材料、新设备、新工艺;节约用地,重视环境保护,注意与其他建设工程的协调,使设计的工程建设项目取得经济、社会和环境的综合效益。

1.0.5 设计必须充分进行方案比选。对难以取舍及对投资有较大影响的方案,应进行同等深度的技术、经济等方面的比选,确定合理的设计方案。

高速公路、一级公路改(扩)建工程应进行施工期间交通组织设计方案的论证比选。

1.0.6 公路基本建设项目进行分期修建时,应做好总体设计,一次设计、分期实施,处理好前、后期工程的相互衔接,避免工程废弃。

1.0.7 一个建设项目由两个或两个以上单位设计时,应由一个设计单位负责总体设计,统一设计原则,编写说明书,绘制总体设计图,编制主要工程数量表和汇编总概(预)算,协调统一文件的编制。

1.0.8 工程定额的采用和概、预算编制,应根据设计阶段的不同要求,按照交通部现行的《公路工程概算定额》、《公路工程预算定额》和《公路基本建设工程概、预算编制办法》的规定办理。

1.0.9 公路工程基本建设项目设计文件的编制,必须由具有相应资质、资格的设计单位、个人完成,并对设计质量负责。

2 设计阶段

2.0.1 公路工程基本建设项目一般采用两阶段设计，即初步设计和施工图设计。对于技术简单、方案明确的小型建设项目，可采用一阶段设计，即一阶段施工图设计；技术复杂、基础资料缺乏和不足的建设项目或建设项目中的特大桥、长隧道、大型地质灾害治理等，必要时采用三阶段设计，即初步设计、技术设计和施工图设计。

高速公路、一级公路必须采用两阶段设计。

2.0.2 初步设计应根据批复的可行性研究报告、测设合同和初测、初勘资料编制。

一阶段施工图设计应根据批复的可行性研究报告、测设合同和定测、详勘资料编制。

两阶段设计时，施工图设计应根据批复的初步设计、测设合同和定测、详勘（含补充定测、详勘）资料编制。

三阶段设计时，技术设计应根据批复的初步设计、测设合同和定测、详勘资料编制；施工图设计应根据批复的技术设计、测设合同和补充定测、补充详勘资料编制。

2.0.3 采用一阶段设计的建设项目，编制施工图预算。

采用两阶段设计的建设项目，初步设计编制设计概算；施工图设计编制施工图预算。

采用三阶段设计的建设项目，初步设计编制设计概算；技术设计编制修正概算；施工图设计编制施工图预算。

3 初步设计

3.1 目的与要求

3.1.1 初步设计阶段的目的是基本确定设计方案。必须根据批复的可行性研究报告、测设合同的要求,拟定修建原则,选定设计方案、拟定施工方案,计算工程数量及主要材料数量,编制设计概算,提供文字说明及图表资料。经审查批复后的初步设计文件,则为订购主要材料、机具、设备,安排重大科研试验项目,联系征用土地、拆迁,进行施工准备,编制施工图设计文件和控制建设项目投资等的依据。

采用三阶段设计时,经审查批复的初步设计为编制技术设计文件的依据。

3.1.2 初步设计在选定方案时,应对路线的走向、控制点和方案进行现场核查,征求沿线地方政府、建设单位及规划、土地、环保等相关部门的意见,基本落实路线布设方案。对建设条件复杂地段的路线、路基、路面、特大桥、大桥、特长及长隧道、互通式立体交叉、服务设施,一般应选择两个或两个以上的方案进行同深度、同精度的测设工作和方案比选,提出推荐方案。

3.1.3 初步设计应:

1 选定路线设计方案,基本确定路线位置。

2 基本查明沿线地质、水文、气候、地震、矿产、文物等情况。

3 基本查明沿线筑路材料的质量、储量、供应量及运输条件,并进行原材料、混合料的试验。

4 基本确定路基标准横断面和高填深挖路基、特殊路基的设计方案及沿线路基取土、弃土方案。

5 基本确定排水系统与支挡、防护工程的方案、位置、长度、结构形式和尺寸。

6 基本确定路面设计方案、路面结构类型及主要尺寸。

7 基本确定特大、大、中桥桥位,设计方案、结构类型及主要尺寸。

8 基本确定小桥、涵洞等的位置、结构类型及主要尺寸。

9 基本确定隧道位置、设计方案、结构类型及主要尺寸。

10 基本确定路线交叉的位置、形式、结构类型及主要尺寸。

11 基本确定交通工程及沿线设施各项工程的位置、形式、类型及主要尺寸。

12 基本确定改(扩)建工程施工期间的交通组织方案。

13　基本确定环境保护措施与景观设计方案。

14　基本确定改路改渠等其他工程的位置、结构形式及主要尺寸。

15　基本确定占用土地、拆迁建筑物及管线等设施的数量。

16　提出需要试验、研究的项目。

17　初步拟定施工方案及工期安排。

18　论证确定分期修建的工程实施方案。

19　计算各项工程数量。

20　计算人工及主要材料、机具、设备的数量。

21　编制设计概算。

3.2　组成与内容

3.2.1　初步设计文件由下列十二篇和附件组成。

第一篇　总体设计

第二篇　路线

第三篇　路基、路面

第四篇　桥梁、涵洞

第五篇　隧道

第六篇　路线交叉

第七篇　交通工程及沿线设施

第八篇　环境保护与景观设计

第九篇　其他工程

第十篇　筑路材料

第十一篇　施工方案

第十二篇　设计概算

附件　基础资料

3.2.2　第一篇　总体设计

1　项目地理位置图

示出路线在省级以上交通网络图中的位置及沿线主要城镇。

2　说明书

1）概述

(1) 任务依据。

(2) 设计标准。

(3) 扼要说明测设经过。

(4) 路线起终点、中间控制点、全长、沿线主要城镇、河流、公路及铁路等。

(5) 可行性研究报告批复意见的执行情况。

(6) 其他需要说明的事项。

2) 建设条件

(1) 项目区域城镇现状布局、规划与拟建项目的关系。

(2) 项目区域路网现状、规划与拟建项目的关系。

(3) 沿线自然地理条件及对项目的影响。

①地形、地貌;

②区域地质稳定性评价;

③工程地质评价;

④水文地质评价;

⑤不良地质路段情况;

⑥地震动峰值加速度采用及大型工程构造物区域地震动峰值加速度鉴定情况;

⑦气温、降雨、日照、蒸发量、主导风向风速、冻深等。

(4) 沿线环境敏感区(点) 重要设施的分布及对项目建设的影响,包括:自然生态、水资源、动物、文物等保护区,电力、通信、学校、医院、军用、地震、气象、宗教等设施,矿产资源,自然及人文景观等。

(5) 公路区间交通量分布状况及对交叉设置方式的影响,附"公路区间交通量分布图"。

(6) 交通组成特点对项目的影响。

(7) 沿线土地资源状况及对项目的影响。

(8) 项目区域内铁路、水路、航空、管道等运输方式情况,及对项目的影响。

(9) 各种专项评价、评估结论(地质、地震、环保、水保等) 及对项目的影响。

(10) 筑路材料供应、运输情况及对项目的影响。

(11) 有关部门对重大问题的意见,沿线居民的要求或建议。

(12) 其他。

3) 总体设计

(1) 根据对项目建设条件的综合分析,提出项目设计指导思想,制定设计原则。

(2) 路线起终点论证,及与其他公路(含规划公路) 的衔接方式。采用分期修建方案时,起终点的近期实施方案及远期的设计预留方案。

(3) 技术标准及主要技术指标的采用情况,不同技术标准之间的衔接过渡情况。

(4) 路线总体设计方案。附"路线总体设计方案平面布置图",含比较方案,要求同"路线平、纵面缩图"。

(5) 设计速度小于或等于100km/h 路段车辆运行速度模拟检验结论。

(6) 安全设计措施。

(7) 公路一般路段与特殊路段(如爬坡车道、紧急避险车道等) 的横断面布置方案(组成、宽度、构造及设施) 的设置情况。

(8) 沿线大型桥梁、隧道、交叉、服务设施的设置位置、间距,设计方案之间的相互关系及协调情况。

(9) 沿线交叉工程与其他交通方式的协调情况,以及与当地生产、生活需要的适应情况。

(10) 管理、养护、服务设施的设置情况。

(11) 全线土石方情况,取土、弃土方案。

(12) 占用土地情况及节约用地措施。

(13) 与沿线环境及景观的协调情况。

(14) 分期修建方案及其比选结论。

(15) 各种筑路材料的采用情况。

(16) 新技术、新材料、新设备、新工艺等的采用情况。

(17) 设计概算。

(18) 下阶段需要深入解决的问题。

(19) 下阶段需要进行试验、研究的项目。

(20) 需要说明的其他事项。

4) 路线

(1) 路线布设及主要技术指标采用情况。

(2) 可行性研究报告批复的路线控制点执行情况。

(3) 路线方案布置及比选论证。山区复杂路段应在踏勘或地质调绘基础上进一步深入研究工可路线方案,通过在1:10 000或1:2 000地形图上反复进行路线方案的优化工作,合理利用走廊资源,并提出同深度比较的路线方案,附1:10 000或1:2 000路线方案图、相关专业图表,提出推荐方案。其他路段直接通过同深度方案综合比选提出推荐意见。论述时应就方案的提出理由、方案的工程实施条件、方案的技术经济合理性等考虑以下几方面:

①建设条件对各路线方案布置的影响分析;

②各方案的选择和布置情况(控制点间距、路线、桥梁、隧道、互通式立体交叉、服务设施位置的协调及其位置的确定);

③各方案平、纵指标及连续、均衡情况;

④行车安全、通行能力、服务水平的分析比较;

⑤公路用地、征用基本农田及拆迁情况;

⑥与铁路、原有公路、农田水利、电力、通信、重要管线(道)等的干扰(包括施工)情况;

⑦各方案路线对沿线环境影响评价和比较;

⑧各方案主要工程数量、造价(可根据方案情况采用估价、基价或概算)及运营效益的比较;

⑨结合该地区社会经济发展、城镇规划、路网结构论证路线布局的合理性及对沿线社会效益和经济效益的影响;

⑩其他评价和比较(包括政府有关部门对路线的意见和评价)。

(4) 对设计速度小于或等于100km/h的路段,宜采用运行速度方法,对可能出现运行速度差大于20km/h的路段进行安全性分析、评价，并给出改善的平纵面技术指标，或采取必要的交通安全、管理措施等。

(5) 安全设施。

①设计原则。

②设计方案。结合公路几何参数、特大桥及大桥、隧道、互通立交等构造物分布情况拟定设计方案、规模，并进行方案比较论证。

③标志。

④标线。

⑤护栏。

⑥隔离栅。

⑦防眩设施。

⑧防落物网。

⑨视线诱导标。

⑩防撞设施。

⑪其他安全设施。

(6) 下一阶段应进一步解决的问题及注意事项。

5) 路基、路面

(1) 沿线地质、地层情况描述、不良地质地段及其相关物理、力学指标等。

(2) 一般路基设计。

①设计原则及方案比选论证。

②路基横断面布设及加宽超高方式。

③路基填土高度、挖方深度、路堤(或路堑)最大、最小高度及其控制因素等。

④高填深挖路基、陡坡路堤、路桥(涵)过渡路基等设计方案及比选论证(必要时对高填深挖路基按工点说明)。

(3) 特殊地质路基设计原则及方案比选论证。

(4) 路基防护工程方案比选论证。

(5) 取土、弃土方案及节约用地的措施。

(6) 路面设计原则、设计依据、交通量及交通组成(必要时应实测交通组成及车辆轴重)、路面结构方案、类型的比选论证，路面结构设计(主线、互通立交匝道、被交道路、收费站广场、桥面铺装、隧道路面等)，材料要求等。

(7) 路基、路面排水设计原则及方案比选论证。

(8) 路基土工试验、筑路材料及路面结构混合材料试验情况。

(9) 需要进行的科研试验项目。

(10) 下阶段应注意的问题。

6) 桥梁、涵洞

(1) 设计原则。

(2) 技术标准采用情况。

（3）沿线桥梁、涵洞的分布情况。

（4）桥梁抗震设计情况。

（5）桥梁耐久性设计及措施。

（6）沿线水系及水文概况、特征，农田水利设施与桥涵设置位置及孔径选择的关系。

（7）沿线工程地质、筑路材料与桥涵结构类型选择的关系。

（8）逐座说明桥梁跨越河流的流域情况、河段特征，桥位处地质、水文、通航情况，桥位的比选情况，水文计算、桥梁孔径确定，岸坡防护工程设计、工程抗震措施、通航河流防撞设计、桥梁施工方案等。特大桥应提出两个以上桥型方案进行比选论证；对常规大、中桥应简述不同墩高、不同跨径、不同桥型综合比选论证情况，选定最合理的墩高、跨径及梁型组合后，全线桥梁统一按此组合合理布置，桥型布置不再作多方案比较；中、小桥、涵洞水文计算、孔径确定依据说明。

（9）特大桥或重要桥梁的景观设计。

（10）特大桥或重要桥梁的养护方案。

（11）下阶段应注意的问题。

7）隧道

（1）设计原则。

（2）技术标准采用情况。

（3）沿线隧道的分布情况。

（4）逐处说明隧道（包括明洞）的位置、长度、断面形式及与路线协调情况，各方案比选论证情况。

（5）逐处说明隧道、竖井、斜井和辅助坑道的地形、地貌、气象、工程地质、水文地质、地震及洞口自然坡体稳定性情况。

（6）说明隧道支护衬砌结构类型，洞门形式的确定，抗震措施，洞内外防、排水方案，洞内装饰及路面方案。

（7）特殊线形、交叉位置关系情况下的隧道设计方案。

（8）特殊地质条件下隧道设计方案和施工方案，以及应对突发事件的预案论证。

（9）特殊结构隧道设计方案论证及施工方案。

（10）隧道施工场地、便道布置和弃渣方案。

（11）环境保护设计。

（12）隧道通风、照明、供配电、消防、救援等的设置原则、规模、标准及方案的论证情况。

①通风设施的设计原则，风机布设方案，控制方式和实施计划等。

②照明设施的设计原则、标准及技术要求，照明区段的划分、功能等。

③供配电设施的设计原则、标准、技术要求及供电方案等。

④消防设施的设计原则，隧道消防组织方案和消防设施设计方案和实施计划等。

（13）长及特长隧道运营期的救援、防灾、逃生方案论证。

（14）下阶段应解决的问题及注意事项。

8）路线交叉

（1）设计原则。

（2）技术标准采用情况。

（3）路线交叉(包括互通式立体交叉、服务设施匝道及连接道路、分离式立体交叉、通道、天桥、平面交叉及管线交叉）的分布及设置概况。

（4）逐处说明互通式立体交叉的位置及其在路网中的作用、设置理由、集散交通量、衔接道路、地质、地形、地物情况,互通方案的比选与论证比较表,技术指标的选用,匝道车道数的确定,变速车道采用的形式及其长度的取值,平交处通行能力的分析,收费口收费车道数的设置,排水方案及跨线构造物的方案等。

对转换交通量较大的枢纽互通,当匝道间或匝道与主线间存在交织运行且交织段长度较短时,应对交织段的通行能力进行分析。

（5）逐处说明服务设施的位置、地质、地形、地物等情况,变速车道采用的形式及其长度的取值,连接道路,排水方案及交叉构造物(通道、天桥）的方案等。

（6）分离式立体交叉的位置、设计标准、排水设施、跨线构造物的类型(上跨、下穿）及方案比选等情况。

（7）通道和天桥的设置情况。

（8）平面交叉的设置情况。被交道路现状及拟改建采用的标准(包括等级、设计速度、路基宽度、路面及排水等）、交通管理方式、平面交叉采用的类型及其方案比选情况等。

（9）重要管线、管道交叉或平行时的设计情况,并说明有关规定对设计的具体要求。

（10）下阶段应解决的问题及注意事项。

9）交通工程及沿线设施

（1）根据本项目交通量、几何设计、服务水平和环境等的具体情况与特点说明各项设施的设置目的、要求及技术措施。

（2）交通工程及沿线设施的设计标准、规模、技术指标的主要结论及其推荐方案。

①管理养护机构的组成形式、设置规模、位置及人员配备等。

②监控设施的设计原则及系统目标,推荐方案的系统构成及功能和实施计划等。

③通信设施的设计原则,通信传输方式,通信网构成及功能,管线设计和实施计划等。

④收费设施的设计原则,收费制式和收费方式及其收费站点的布设,收费系统构成及功能和实施计划等。

⑤服务设施的设计原则、标准及技术要求。逐处说明服务设施的布设位置、功能、建设规模、推荐方案及实施计划等。

⑥供配电设施的设计原则、标准、技术要求及供电方案等。

⑦照明设施的设计原则、标准及技术要求,照明区段的布设位置、功能等。

⑧房建工程的设计原则、标准及布设位置、建设规模等。

（3）交通工程及沿线设施推荐方案的主要工程规模、建筑面积、占地面积及其造价。

（4）下阶段应解决的问题及注意事项。

10）环境保护与景观设计

(1) 环境保护与景观设计的依据(包括环境影响评价、水土保持方案等报告书及批复意见)。

(2) 项目区域社会环境和自然环境现状(包括物种多样性,自然植被覆盖率,土壤养分,历史文化遗产,自然保护区,自然及人文景观的分布等)。

(3) 环境敏感区域分析(含敏感区的调整,取土场、弃渣场的布设分析) 及与自然保护区、水资源保护区等的关系。服务区交通量及污水排放预测(需要时提供)。

(4) 指导思想和设计原则。

(5) 主体各专业设计的环境保护措施。具体阐述在路线布置、路基、路面、桥梁、隧道、交通工程(含收费站、服务区、标志)、排水、料场布设、废方处理等中已考虑的环保措施(含社会环境、生态环境保护对策)。

(6) 各项环境保护设施的布设位置、类型、功能及其方案比选情况。

(7) 主要场地的景观方案及比选。

(8) 拟采用的植物配置及特性。

(9) 与环保、文物及当地政府有关部门的协商情况。

(10) 下阶段应解决的问题及注意事项。

11) 其他工程

(1) 逐处说明悬出路台、防雪走廊、观景台等工程的设置理由及工程情况。

(2) 改路、改渠、改河(沟) 等工程情况,等级公路及重要沟渠的改移应逐处说明。

(3) 逐处说明渡口码头的地形、地质、其他情况及其布置原则和方案。

(4) 下阶段应解决的问题及注意事项。

12) 筑路材料

(1) 沿线筑路材料(包括工业废渣) 种类、质量、储量、供应量(包括外购材料)、运输条件与运距。

(2) 主要料场分布情况。

(3) 主要材料采、购及运输等情况。

(4) 下阶段应解决的问题及注意事项。

13) 施工方案

(1) 施工期限的总体安排,关键工程项目的施工方案比较、论证情况。

(2) 主要工程、控制工期的工程和特殊工程的施工方案。

(3) 临时工程的安排。

(4) 下阶段应解决的问题及注意事项。

14) 设计概算

(1) 编制原则、依据,编制范围和总概算额。

(2) 进行各工程方案比较时的造价计算说明。

(3) 下阶段应解决的问题及注意事项。

3 图表及附件

1) 路线平、纵面缩图

平面缩图应示出路线(包括比较方案)起讫点、5km(或10km)标、控制点、地形、主要城镇、与其他交通路线的关系以及县以上境界。简明示出特大桥、大桥、隧道、主要路线交叉、主要沿线设施等的位置和形式(对制约路线方案的不良地质、滞洪区、文物古迹、城镇规划、风景区等的分布范围,必要时可着色,醒目示出其分布)。比例尺用1∶10 000～1∶100 000。

纵断面缩图一般绘于平面缩图之下,必要时也可单独绘制,简明示出主要公路、铁路、河流、特大桥、大桥、隧道及主要路线交叉等的位置、名称与高程,标注设计高程。水平比例尺与平面缩图相同或与其长度相适应,垂直比例尺用1∶1 000～1∶10 000。

2）主要技术经济指标表(推荐方案)

3）附件

可行性研究报告批复意见,测设合同的必要内容,有关部门的意见及协议、纪要等复印件。

4）总体设计图表

(1）路线方案比较图。平面图所示内容同平、纵缩图中的平面缩图,纵面图所示内容同路线纵断面所示内容。平面图比例尺1∶10 000,纵面图与平面比例相适应。山区复杂路段宜提供全路段1∶10 000平面图和相应比例尺纵面图。

(2）公路平面总体设计图。示出地形、地物、坐标网格、路线位置、桩号、桥涵、隧道、路线交叉、沿线排水系统、服务区、停车区、紧急停车带、管理养护区、沿线取(弃)土场、路(渠)改移等的布设位置。路线位置应标出中心线、路基边线、示坡线、公里桩、百米桩及曲线主要桩位。对沿线的重要地物(村镇、文物、古迹、规划等)和环境敏感区(点)(景区、学校、自然保护区等)及重要设施的范围必要时应示出。比例尺用1∶1 000或1∶2 000。

比较方案(同深度比较)的平面总体设计图应按上述要求单独绘制。

(3）公路标准横断面图。示出主线一般路段的标准横断面及护栏、隔离栅等的设置位置。比例尺用1∶200。

(4）运行速度曲线图。检验与评价设计速度小于或等于100km/h公路行车安全性,为交通工程设计提供依据(图例仅供参考),包括小客车、大型车的两个方向。

(5）运行速度计算表。包括小客车、大型车两个方向。

(6）公路分期修建方案设计图。对分期修建的公路,应根据总体设计及分期实施计划,参照上述平面总体设计和公路典型横断面图的要求,绘出前期及后期工程的平面总体设计及其横断面,包括各种构造物、交通工程及沿线设施的分期实施总体设计方案。

路线比较方案(同深度比较)设计图可单独绘制,亦可在平面总体设计图中示意。

3.2.3 第二篇 路线

1　路线平面图。示出地形、地物、平面控制点、高程控制点,路中心线位置及平曲线交点,公里桩、百米桩及平曲线主要桩位,断链位置及前后桩号,各种构造物的位置以及县以上境界等;标出指北图式,列出平曲线要素表。高速公路、一级公路及采用坐标控制的其他等级公路还应示出坐标网格,互通式立体交叉平面布置形式,跨线桥(包括分离式立体交叉桥）位置及交叉方式，复杂平面交叉位置及形式；标注地形图的坐标和高程体系以及中央子午线经度或投影轴经度。比例尺，高速公路、一级公路采用1:2 000，其他公路也可采用1:1 000、1:2 000、1:5 000。

必要时增加在影像地形图上绘制的平面图。

比较方案如远离推荐方案时，可单独绘制（注明上承下接关系、对应桩号）。

2 路线纵断面图。示出网格线、地面线、设计线、断链、竖曲线及其要素，桥涵和立体交叉（含通道、人行天桥）的位置及其结构类型、孔数及跨径，设计水位，隧道位置等。图的下部各栏示出地质概况、填挖高度、地面高程、设计高程、坡度及坡长（包括变坡点桩号、高程）、桩号、直线及平曲线参数。水平比例尺与平面图一致，垂直比例尺视地形起伏情况可采用1:100、1:200、1:400或1:500。

比较方案的纵断面图可单独绘制。

3 山区公路复杂路段以踏勘或地质调绘为基础的路线比较方案平面图、纵断面图。图中所示内容与比例尺同路线平面图和路线纵断面图。

4 直线、曲线及转角表。列出交点号、交点桩号、交点坐标、偏角、曲线各要素值、平曲线主要桩位、直线长、计算方位角、备注路线起讫点桩号、断链桩号、坐标系统等。

5 纵坡、竖曲线表。列出变坡点桩号和高程、变坡点间距离、纵坡值、竖曲线要素值、直坡段长等。

6 公路用地表。列出用地起讫桩号，长度，所属县、乡，土地类别等。临时用地记入临时工程内。（推荐方案全线贯通，数量表中与比较方案对应路段桩号断开进行小计，以便方案比较和编制概算。）

7 公路用地图。示出路线用地界线（变宽点处注明前后用地宽度及里程桩号或用坐标表示），土地类别，分界桩号及地表附着物，土地所属县、乡等。比例尺用1:500～1:2 000。

8 赔偿树木、青苗数量表。列出其桩号、位置、所有者、树木青苗类别及数量等。（推荐方案全线贯通，数量表中与比较方案对应路段桩号断开进行小计，以便方案比较和编制概算。）

9 拆迁建筑物表。列出建筑物所在桩号、距路中心线距离（左、右）、所属单位或个人、建筑物种类及数量等。（推荐方案全线贯通，数量表中与比较方案对应路段桩号断开进行小计，以便方案比较和编制概算。）

10 拆迁电力、通信及其他管线设施表。列出其桩号、交叉角度、所属单位、用途、拆迁长度、设备种类和数量等（根据需要按电压进行分类合计）。（推荐方案全线贯通，数量表中与比较方案对应路段桩号断开进行小计，以便方案比较和编制概算。）

11 工程地质平面图。示出地层年代符号、地层分界线，勘探点、工程地质区划界线及地质构造，主要构造物、村镇地名，路线、比较线位置及桩号，沿线不良地质段及桩号等。比例尺用1:10 000～1:100 000。不良地质地段应另绘比例尺为1:2 000～1:10 000的工程地质平面图。改建的二级公路、三级公路、四级公路利用原路时，可只绘不良地质地段的工程地质平面图。

12　工程地质纵断面图。示出地面高程线、设计线、试坑、钻孔编号、孔深、岩土类型界限及地质构造等。图的下部各栏示出地质概况、试坑与钻孔的地面高程及桩号等。水平比例尺用1∶2 000～1∶100 000,垂直比例尺相应地用1∶200～1∶5 000。不良地质地段应另绘水平比例尺为1∶2 000～1∶10 000,垂直比例尺相应地为1∶200～1∶1 000的工程地质纵断面图。改建的二级公路、三级公路、四级公路利用原路时,可只绘不良地质地段的工程地质纵断面图。

13　不良地质地段表。列出桩号、长度、类型、不良状况、处理措施等。

14　安全设施。

1）区域路网交通标志布置图。

2）安全设施工程数量汇总表。

3）标志平面布置图。

在路线平面图上示出全线重要的标志,如:限速标志、指路标志的设置桩号、支撑形式、版面规格及内容等。

4）标志设置一览表。

5）标线设置一览表。

6）突起路标(路钮)设置一览表。

7）护栏设置一览表。

8）隔离栅设置一览表。

9）轮廓标设置一览表。

10）防眩板设置一览表。

11）防落物网设置一览表。

12）诱导标设置一览表。

13）安全设施一般构造设计图。

按不同结构类型分别绘出标志、护栏、隔离栅、轮廓标、防眩板等安全设施的一般构造设计图,以及标准路段的标线、突起路标布置图。示出结构类型及主要尺寸,列出主要材料数量表。比例尺用1∶5～1∶100。

3.2.4　第三篇　路基、路面

1　路基标准横断面图。示出路中心线、行车道、拦水缘石(如果有)、路肩、路拱横坡、边坡、护坡道、边沟、碎落台、截水沟、用地界碑等各部分组成及其尺寸,路面宽度及概略结构。高速公路、一级公路按整体式路基、分离式路基分别绘制,还应示出中央分隔带、缘石(如果有)、左侧路缘带、硬路肩(含右侧路缘带)、护栏、隔离栅、预埋管道(如果有)等设置位置。比例尺用1∶100～1∶200。

2　一般路基设计图。绘出一般路堤、低填路堤(路基高度较小且需特殊处理)、路堑、半填半挖路基、陡坡路基、填石路基、半路半桥路基、悬出路台或半山洞路基(如果有)、水田内路堤及沿河(江)或水塘(库)等不同形式的代表性路基设计图,并应分别示出路基、边沟、碎落台、截水沟、护坡道、排水沟、边坡坡率、护脚墙、护肩、护坡、挡土墙等结构类型及防护加固结构形式且标注主要尺寸。比例尺用1:200。

3　高填深挖路基工程数量表。分别列出高填方路堤、深挖方路堑段起讫桩号、长度，路基中心最大填挖高度及最大边坡高度，地基、路基及边坡处理加固措施，工程数量等。

4　高填深挖路基设计图。逐段示列出高填方路堤、深挖方路堑段控制横断面的实测地面线及断面布设、立面，地基或边坡地质情况、填料种类及要求，地基处理、原地面处理及边坡处理或加固措施、其他路基稳定措施、边坡排水防护措施等，并应示列比较方案。

5　低填浅挖路基处理工程数量表。列出特殊处理工程数量及低填路堤开挖、回填土方等数量。

6　低填浅挖路基处理设计图。示出平原地区低填路基填筑中，清表和填前夯实的厚度，并且按不同路基高度分别说明路基各层采用的填料种类、强度、是否改性及掺改性剂类型、剂量等。

7　桥头路基处理工程数量表。列出桥头路堤处理措施及工程数量等。

8　桥头路基处理设计图。示出桥头路基处理措施、具体尺寸及材料要求等。

9　陡坡路堤或填挖交界处理工程数量表。列出陡坡路堤或填挖交界处设计处理措施、工程数量等。

10　陡坡路堤或填挖交界处理设计图。示出陡坡路堤或填挖交界处路基处理措施、具体尺寸及压实度要求等。

11　特殊路基设计工程数量表。分别列出软土、膨胀土、湿陷性黄土、盐渍土、多年冻土、岩溶等不良岩土以及滑坡、崩塌、泥石流、采空区、特殊处理高边坡、病害地段或受水、气候等自然因素影响强烈的路基段的起讫桩号、长度、宽度、处理措施、工程数量。对软土地基处理，要求编制特殊路基设计方案汇总表，列出处理段落起讫桩号、路基高度、预压期、总沉降值、预压期沉降值、工后沉降值、超载高度、桩间距、桩长、处理宽度及稳定系数等内容。其他不良地段应列出处理方案的控制指标。

12　特殊路基设计图。绘制软土、膨胀土、湿陷性黄土、盐渍土、多年冻土、岩溶等不良岩土，以及滑坡、崩塌、泥石流、采空区、特殊处理高边坡、病害地段或受水、气候等自然因素影响强烈的路基段的路基处理方案一般设计图，标注地质资料。比例尺用1:100～1:400。滑坡等病害地段需绘制平面图、地质断面图、主滑断面设计图、支挡工程结构设计图等。平面图比例一般用1:200～1:2 000。

13　路基每公里土石方数量表。列出起讫桩号、长度、挖方（包括挖路槽，按总体积、土类、石类计列）、清除表土土方数量、填方（填土、填石分压实方、自然方计列）、本段利用方（按土方、石方计列）、远运利用方（按土方、石方平均运距计列）、借方（按土方平均运距计列）、弃方（按土方、石方平均运距计列）。并说明表土的利用保护措施、平均运距、临时占地等。

14　取土坑（场）、弃土堆（场）一览表。列出取土坑中心桩号、位置（分左、右）、运距、数量（分取土、弃土）、占地（永久占地与临时占地）、临时工程（便道、便桥）、防护、排水、绿化、复垦工程数量，供应或弃方起讫桩号，并且列出取弃土场范围内表层种植土的数量及其占地，说明表层种植土的利用措施。

15　取土坑(场)、弃土堆(场)设计图。大型取土坑(场)、弃土堆(场)应绘制本图。示出地形、地物、位置、范围、运输道路、防护、排水、绿化及复垦或地表恢复的设计说明及平面、断面图等内容,有条件时可附现场实景照片。比例尺用1:500~1:10 000(比例小于1:2 000时,应采用现场实测断面)。

16　路基防护工程数量表。列出起讫桩号、工程名称、主要尺寸及说明、单位、数量(左、右)、工程数量(包括挡土墙、护墙、边坡加固、驳岸、护岸、防水堤坝等防护、支挡或加固工程)。

17　路基防护工程设计方案比较图(表)。列出比较方案,绘制比较方案图,比较路基防护、支挡或加固工程各方案的优缺点、工程造价等,并作出推荐。

18　路基防护工程设计图。绘出主要防护工程、加固、支挡工程一般设计图,比例尺用1:50~1:200。按不同高度、坡率等列出每延米工程、材料数量表。

19　路面工程数量表。列出起讫桩号、长度、宽度、结构类型、各结构层名称、厚度、数量[分行车道、路肩加固计列,高速公路、一级公路分行车道及路缘带、爬坡车道、中央分隔带(缘石、填土等)、硬路肩计列]、镶边石(如果有)、培路肩等。

20　路面结构设计图。示出自然区划、设计参数,并分别示出行车道、路肩加固(高速公路、一级公路分别示出主线行车道及路缘带、爬坡车道、硬路肩、互通立交匝道、被交叉道路、收费站广场)推荐方案的路面结构与厚度,绘出路面边部构造大样图。

21　路基、路面排水工程数量表。列出起讫桩号、工程名称、结构说明、单位、数量、工程数量等(包括边沟、跌水井、排水沟、截水沟、盲沟、急流槽,高速公路、一级公路中间带的纵向排水沟、集水井、横向排水管、拦水带及超高段排水措施等)。

22　路基、路面排水工程设计图。绘出主要排水工程一般设计图。比例尺用1:50~1:200。列出每延米(或处)工程数量表、急流槽、集水井、横向排水管设置位置表。

3.2.5　第四篇　桥梁、涵洞

1　沿线水系分布示意图。示出江河(溪)位置、流向、主要地名,路线的推荐线、比较线及其桩号、桥梁位置等。

2　特大、大、中桥桥梁表。列出中心桩号、河流名称或桥名、河床地质情况、桥面净宽、最大桥高、孔数及孔径、交角、全长、上下部结构类型、航道等级、通航水位、设计水位、设计流量等。

3　特大、大、中桥主要工程数量表。特大桥、大桥各方案均应列出上下部结构、护栏及搭板、附属工程等材料数量;中桥应列出中心桩号、桥型、孔数及孔径、全长、上下部结构、护栏及搭板、附属工程等材料数量。

4　特大、大、中桥设计图。

1)桥位平面图。示出桥位地形、桥梁位置、墩台位置、指北针、高程系统及调治构造物、防护工程等。桥头接线应示出路线中心线、公里及百米桩、直线或平曲线半径、缓和曲线参数、桥梁长度、桥梁中心桩号和交角。比例尺用1:500~1:2 000。

2)桥位工程地质平面图。地质情况特殊、复杂的特大桥应绘制本图。比例尺用

1∶500～1∶2 000。

3）桥位工程地质纵断面图。特大桥、大桥及地质复杂中桥应绘制本图。水平比例尺用1∶200～1∶2 000，垂直比例尺用1∶20～1∶500。

4）桥型总体布置图。绘出各种桥型方案（包括主要调治构造物和防护工程）的立面、平面、横断面和各部构造尺寸等。示出河床断面（山区或地形复杂的桥梁应有三条地面线）、地质分界线、控制水位、墩台高度、基础埋置深度及标高、桥面纵横坡度等。当为弯桥或斜桥时，还应示出桥轴线半径、水流方向及斜交角度。还应在图的下部各栏中示出里程桩号、设计高程、地面高程、坡度、坡长、竖曲线要素、直线与平曲线要素等。比例尺用1∶200～1∶2 000。

5）桥梁一般构造图。绘出各桥型方案的上部构造、下部墩台及基础的各部尺寸，分上、下部列出材料数量表，技术条件复杂或施工条件困难的桥梁应绘制施工概略流程图、施工概略进度表。

6）主要结构构造图。绘出各方案主要结构设计图，预应力钢束布置图等。

5　小桥表。列出中心桩号、河流名称或地名，孔数及孔径、交角、全长、上下部结构类型，主要工程、材料数量等。

6　典型小桥布置图。绘出桥型方案立面、平面、横断面和各部尺寸等，具体要求同桥型总体布置图。

7　涵洞表。列出中心桩号、结构类型、孔数及孔径、交角、填土高度、长度、进出口形式，及主要工程、材料数量等。

8　典型涵洞设计图。按不同类型分别绘出全线涵洞典型布置图。比例尺用1∶50～1∶200。

9　附属工程设计图表。绘出防护调治构造物、通航河流桥墩防撞设计等附属工程设计图及工程材料数量表。

3.2.6　第五篇　隧道

1　隧道表。列出隧道名称、起讫桩号、长度、净空、洞内路线线形（纵坡及坡长）、平曲线半径及平曲线长度、工程地质说明、围岩级别及衬砌长度（含明洞）、洞门形式（进口、出口）、照明、通风方式等。高速公路、一级公路按左线、右线分列。

2　隧道工程数量表。列出洞身工程（开挖、初期支护、二次衬砌）、洞口工程（洞门、明洞、截水沟等）、防排水工程（洞身防水、洞身排水、路面排水）、横洞、预留洞室、路面、通风、照明、消防、供配电等的工程、材料数量。高速公路、一级公路按左、右线分列。

3　隧道主体工程设计图。

1）隧道（地质）平面图。示出地形、地物、导线点、坐标网格、路线线形及交点要素，地层的岩性、界线、地质构造及其产状等，绘出隧道洞口、洞身、斜井、竖井、避车洞，标出钻孔，坑探、槽探和物探测线等位置及编号。高速公路、一级公路还应示出人行横洞、车行横洞、紧急停车带的位置和联络道等。比例尺用1∶1 000～1∶2 000。

2）隧道（地质）纵断面图。示出地面线，钻孔柱状图式，坑探、槽探和物探测线位置，地层和构造带的岩性、产状及界面线,绘出隧道进口位置及桩号、洞身、斜井、竖井、避车洞及消防等设施预留洞等,图的下部各栏示出工程地质、水文地质、坡度及坡长、地面高程、设计高程、里程桩号、围岩级别、衬砌形式及长度。高速公路、一级公路还应示出人行横洞、车行横洞等。水平比例尺用1:1 000~1:2 000,垂直比例尺用1:500~1:2 000。

3)隧道(包括横洞、斜井、竖井、紧急停车带)建筑限界及内轮廓方案图。按不同类型分别绘制。比例尺用1:100~1:200。

4)隧道进、出口方案图。按不同类型绘出洞门立面、纵断(地质)面、平面方案图和洞口连接方式,联络道方案。比例尺用1:100~1:200。

5)隧道衬砌断面图。示出明洞衬砌的断面、防水层、开挖与回填、电缆沟、路面结构、排水管(沟)等,复合式衬砌的断面、初期支护、防水层、二次衬砌、电缆沟、路面结构、排水管(沟)等。比例尺用1:100~1:200。列出各级围岩支护衬砌设计参数表。

6)隧道超前支护方案图。比例尺用1:100~1:200。

7)特殊地质隧道支护衬砌结构方案图。比例尺用1:100~1:200。

8)隧道特殊结构支护衬砌结构方案图。比例尺用1:100~1:200。

9)隧道施工方案图。比例尺用1:100~1:200。

10)隧道各类辅助坑道平面、纵面及支护衬砌方案图。比例尺用1:100~1:200。

11)隧道不良地质处治方案图。比例尺用1:100~1:200。

12)隧道弃渣场地(包括施工便道)布置图。比例尺用1:1000~1:2 000。

13)隧道施工场地布置图。比例尺用1:200~1:500。

14)隧道路面工程(洞内外过渡段)方案图。比例尺用1:100~1:200。

4 隧道机电设施图。

1)隧道通风、照明及其控制方案图。

2)通风和环境卫生检测设施方案图。

3)照明设施及洞口灯光过渡方案图。

4)供电及其保障设施方案图。

5)消防及其保障设施方案图。

6)紧急救援和疏导方案图。

3.2.7 第六篇 路线交叉

1 互通式立体交叉设计图表

1)互通式立体交叉一览表。列出全线各互通式立体交叉的名称、交叉桩号、起讫桩号、互通形式、交叉方式、被交叉道路名称及等级,分别按主线、匝道、被交叉道路或连接线列出最小平曲线半径、最大纵坡、全长、路面结构类型及厚度、跨线桥、匝道桥结构类型及数量(米/座),以及涵洞、通道等其他附属工程。

2)互通式立体交叉主要工程数量表。列出互通式立体交叉区内除交通工程及沿线设施外的所有主要工程与主要材料数量。其内容应与其他各篇(如路基、路面、桥涵等)的要求基本一致。

3）互通式立体交叉方案比较表。逐处编制此表，列出各方案平面示意图、中心桩号、地名、交叉方式、互通立交形式、被交叉道路名称及等级、土石方数量、拆迁数量、占地面积，主线、匝道及被交叉道路主要技术指标，收费站数量及收费车道数，附属工程的种类、结构类型、数量，路面结构类型、厚度、面积，桥梁按跨线桥、匝道桥等分别列出交角、结构类型、孔数及孔径、桥长、桥面宽度、墩台形式、基础类型，各方案总造价、主要优缺点及方案采用意见。

4）互通式立体交叉交通量分布图。示出主线、被交叉道路及各转向设计年限日平均交通量、设计小时交通量。

5）互通式立体交叉平面图。在地形图上直接绘制，不应遮盖原有地形图。示出主线、匝道、变速车道、被交叉道路位置[中心线、路基边线、坡脚（或坡顶）线，标出平曲线半径、缓和曲线参数、平曲线要素点及百米桩]，加减速车道及渐变段长度、匝道编号、跨线桥位置及交角、导线点、坐标网格，收费站及管理区、桥涵、通道的位置。示出互通式立体交叉区综合排水系统（位置、水流方向），支挡构造物的设置（工程名称、位置）及改路、改渠等其他工程（工程名称、位置），并绘出主线、被交叉道路、匝道的代表性横断面等。采用整幅图，比例尺一般采用1∶2 000。比较方案单独绘制平面图。

6）互通式立体交叉纵断面图。分别绘出主线、被交叉道路和匝道的纵断面图，其内容和路线纵断面图相同。水平比例尺用1∶2 000，垂直比例尺用1∶200。示出互通式立体交叉简图及纵断面图位置。比较方案单独绘制纵断面图。

7）互通式立体交叉横断面图。参照第三篇路基标准横断面图的内容和要求，分别绘出主线、被交叉道路和匝道的路基横断面图。

8）互通式立体交叉区内路基、路面设计图表。参照第三篇路基横断面设计图、路面结构图、排水设计图等内容和要求，编制立体交叉区（包括主线、匝道、被交叉道路、收费站）内的所有路基、路面及排水、防护设计图表。当立体交叉区设计与主线设计图相一致时，可不绘图，不一致时应绘制。

9）主线（或被交叉道路）跨线桥推荐方案桥型布置图。参照第四篇大、中桥桥型布置图的内容和要求编制，并列出主要工程、材料数量。

10）主线（或被交叉道路）跨线桥推荐方案一般构造图。参照第四篇大、中桥一般构造图的内容及要求绘制。一般桥型或利用通用图的桥梁可不绘此图。

11）主线（或被交叉道路）跨线桥比较方案桥型布置图及一般构造图内容及要求同推荐方案。方案明确或全线统一时可不绘此图。

12）匝道跨线桥推荐方案和比较方案桥型布置图及一般构造图内容及要求同主线（或被交叉道路）跨线桥。

13）涵洞、通道典型设计图。绘出互通式立体交叉区内涵洞、通道的典型布置图。比例尺用1∶50～1∶200。若与交叉区外主线上的涵洞、通道类型一致时，可不绘此图。

14）互通式立体交叉区内其他工程一般设计图。示出其他工程的结构类型、构造、各部尺寸，及主要工程、材料数量等。

2　服务设施匝道及连接道路设计图表

1）服务设施主体工程主要工程数量表。参照互通式立体交叉主要工程数量表的内容和要求绘制。

2）平面图。参照互通式立体交叉平面图的内容和要求绘制。比较方案单独绘制平面图。

3）纵断面图。参照互通式立体交叉纵断面图的内容和要求，分别绘出主线、连接道路的纵断面图。比较方案单独绘制纵断面图。

4）横断面图。参照互通式立体交叉横断面图的内容和要求，分别绘出主线、连接道路的路基横断面图。

5）服务设施范围内主体工程路基、路面设计图表。参照第三篇的内容和要求，编制服务设施区内（包括主线、连接道路及场区）的路基、路面及排水（不包括地下排水）、防护设计图表。

6）涵洞、通道典型设计图。绘出服务设施区内涵洞、通道的典型布置图。比例尺用1∶50～1∶200。若与服务设施区外主线上的涵洞、通道类型一致时，可不绘此图。

7）天桥设计图表。绘出服务设施区内天桥的布置图。比例尺用1∶50～1∶200。若与服务设施区外主线上的天桥类型一致时，可不绘此图。

8）服务设施区内其他工程一般设计图。示出其他工程的结构类型、构造、各部尺寸，及主要工程、材料数量等。

3　分离式立体交叉设计图表

1）分离式立体交叉一览表。列出各分离式立体交叉的中心桩号及地名、被交叉道路名称及等级、交叉方式及与主线交角、设计荷载、孔数及孔径、桥面净空、桥梁总长度、上部构造、下部构造，被交叉道路改建长度、最大纵坡等。

2）分离式立体交叉工程数量表。列出分离式立体交叉区内除交通工程及沿线设施外的所有工程、材料数量。

3）分离式立体交叉平面图。参照互通式立体交叉平面图内容及要求绘制，并示出被交叉公路或铁路、跨线桥及其交角、桩号和平曲线要素等。

4）分离式立体交叉纵断面图。参照互通式立体交叉纵断面图内容及要求绘制，可与平面图合并绘制。

5）分离式立体交叉横断面图。绘出被交叉道路路基、路面结构等。其内容及要求参照第三篇路基标准横断面图及路面结构图绘制。

6）分离式立体交叉桥型布置图。参照第四篇大、中桥桥型布置图内容及要求绘制。有比较方案时，应加绘比较方案图。

7）分离式立体交叉区其他工程一般设计图。参照互通式立体交叉区内其他工程一般设计图内容及要求绘制。

4　通道、天桥设计图表

1）通道、天桥一览表。列出通道及天桥的中心桩号、地名、工程名称、被交叉道路种类、交角、结构类型、孔数及孔径、全长、净宽、净高，被交叉道路改建长度及纵坡、路面类型及厚度等。

2）通道、天桥工程数量表。列出通道、天桥及有关工程、材料数量。

3）通道一般布置图。按不同类型分别绘出典型图。比例尺用1∶50～1∶200。

4）天桥一般布置图。按不同类型分别绘出典型图。比例尺用1∶50～1∶200。

5　平面交叉设计图表

1）平面交叉设置及工程数量一览表。列出沿线各平面交叉的中心桩号、起讫点桩号、被交叉路名称及等级、交叉形式、交角、引道纵坡、改建长度及工程数量(包括该范围内的主线工程)。

2）平面交叉布置图。在地形图上直接绘制，不应遮盖原有地形图。示出地形、地物、主线、被交叉道路或铁路、交通岛、辅助车道的纵横断面及设计主要尺寸(如转弯平曲线半径、车道宽度、渐变段长度等)。比例尺用1∶500～1∶2 000。

6　管线交叉设计图表

1）管线交叉设置及工程数量一览表。列出各管线交叉的桩号、地名、被交叉的管线长度及管线类型、所属单位、交角、管线交叉方式(上跨或下穿)、净空或埋深，及工程、材料数量。

2）管线交叉设计图。典型及复杂的交叉管线应绘本图。

3.2.8　第七篇　交通工程及沿线设施

1　总体设计

1）区域路网关系图

2）说明书

(1）概述

①任务依据及测设经过。

②交通工程及沿线设施的设计标准、技术指标、规模的主要结论及其推荐方案。

③可行性研究报告批复意见的执行情况。

(2）建设条件

①建设环境。

②交通量、交通组成、服务水平。

③主体工程几何指标和构造物分布。

④相邻区域路网各类交通工程设施设置等的具体情况和特点。

⑤有关部门对重大问题的意见。

(3）总体方案设计

①根据对建设条件的综合分析，提出交通工程及沿线设施设计的指导思想，制定设计原则，确定设计界面。

②根据有关规定和规划，结合工程实际情况，论证管理、养护、服务、监控、通信、收费、供配电、照明、房建等设施的设计方案。

③根据互通式立交、特大桥梁、隧道等构造物的布局，确定管理、养护、服务等设施的合适位置和间距，保证交通运行安全所需的最小距离。

④分期实施计划。

⑤设计概算。

⑥下阶段需要解决的问题。

(4) 管理、养护机构

①管理、养护机构现状及规划。

②管理、养护(含紧急救援) 业务分析。

③管理、养护机构设置方案。拟定管理养护机构的体制、设置位置、建筑面积、占地面积、人员配备、管理养护设备配置等方案。

(5) 监控设施

①监控方案及系统构成。包括监控模式、管理(分) 中心、监控信息传输、外场设备、监控设备供电、防雷接地、监控软件、监控土建工程等内容,对主要系统应进行方案论证。

②系统功能。

③主要软、硬件技术性能指标。

④机房设计要求。包括房间面积大小、设备布局方案、装修要求、电源、接地等内容。

⑤分期实施方案。

(6) 收费设施

①收费方案及系统构成。包括收费制式、收费(分) 中心、收费站、收费信息传输、收费设备供电、防雷接地、收费软件、收费土建工程等内容,对主要系统应进行方案论证。

②系统功能。

③主要软、硬件技术性能指标。

④机房设计要求。包括房间面积大小、设备布局方案、装修要求、电源、接地等内容。

⑤分期实施方案。

(7) 通信设施

①通信方案及系统构成。包括通信模式、通信网构成、数据音频视频业务传输、通信管道等内容,对主要系统应进行方案论证。

②系统功能。

③主要软、硬件技术性能指标。

④机房设计要求。包括房间面积大小、设备布局方案、装修要求、电源、接地等内容。

⑤分期实施方案。

(8) 供配电设施

①供配电方案论证。包括外电进线方案、变电所或箱式变电站设置方案、交通工程及沿线设施用电设备配电方案等。

②分期实施方案。

(9) 照明设施

①照明方案论证。包括隧道照明、互通式立交照明、收费广场照明等内容。

②照明节能方案论证。

③分期实施方案。

(10) 服务设施

①根据相关道路服务设施的设置情况,结合路线平、纵指标和沿线地形、地貌、地质等情况,通过比选确定服务设施的位置。论证同其他设施(如收费站、互通立交等)合并设置的可能性。

②逐处论证比选服务设施的形式、功能、规模等。说明与公路主体的连接、与地方道路的关系、与周围景观的协调及对环境的影响等。

③功能与规模论证。论证和确定服务设施内各功能设施(如停车场、餐厅、厕所、加油站、住宿及办公区等)的规模,确定总建筑面积。

④总平面设计。确定各设施的平面布局,确定总占地面积。

⑤分期实施方案。

(11) 房屋建筑

①论证工程规模(如建筑面积、用地面积等)和设计标准(包括工程等级、结构的设计使用年限、耐火等级、装修标准等)。

②总平面设计。

③建筑、综合景观设计及方案比选。

④结构、电气、给排水、采暖通风设计。

⑤建筑节能设计。

⑥分期实施方案。

(12) 设计概算

编制依据、原则、范围及概算。

3) 图表及附件

(1) 交通工程及沿线设施总体布置图。在路线平面缩图上示出管理(分)中心、养护工区、服务区、停车区、监控(通信、收费)(分)中心、隧道管理站、收费站、通信站、变配电所、主要监控外场设备等各类设施的布置位置。示出相邻区域路网的主要交通工程设施的布设位置。

(2) 管理、养护及服务设施位置图。以线框方式示出管理、养护、服务、监控、通信、收费等设施以及互通立交、特大桥梁、隧道、市(县)地界等的位置(桩号)、名称等。

(3) 建设规模汇总表。列出主要工程量,汇总占地面积、建筑面积。

(4) 附件。可行性研究报告批复意见,测设合同,有关部门的意见及协议、纪要等。

2　管理养护机构

1) 管理养护机构设置方案图。

2) 管理养护业务流程图。

3) 管理养护机构业务人员编制表。

4) 管理养护机构建筑面积及占地一览表。

5) 管理养护设备机具配置表。

3　监控设施

1) 监控设备及主要材料数量汇总表。推荐方案和比较方案分别列出。

2）监控外场设备布置一览表。

3）监控外场设备布置图。

4）监控系统构成图。包括监控（分）中心、隧道管理站及各子系统构成图。推荐方案和比较方案分别绘制。

5）监控系统软件流程图。

6）系统设备布置图。包括监控大厅、综合控制台、监视器墙等。

7）一般构造、安装图。

8）监控外场设备供电路由图。

9）其他图表。

4　收费设施

1）收费设备及主要材料数量汇总表。推荐方案和比较方案分别列出。

2）收费土建工程数量汇总表。

3）收费（分）中心、收费站布置及网络构成图。示出沿线收费（分）中心和收费站的位置、数量等及其收费制式。

4）收费系统构成图。

5）收费广场平面布置图。

6）其他图表。

5　通信设施

1）通信设备及主要材料数量汇总表。推荐方案和比较方案分别列出。

2）通信管道工程数量汇总表。

3）通信（分）中心、无人通信站布置及网络构成图。示出沿线通信（分）中心和无人通信站的位置、数量等及其传输网络构成。

4）通信系统构成图。

5）通信管道埋设位置横断面图。

6）其他图表。

6　供配电设施

1）供配电设备及主要材料数量汇总表。推荐方案和比较方案分别列出。

2）供电系统构成图。

3）变电所设备布置及接地系统图。

4）其他图表。

7　照明设施

1）照明设备及主要材料数量汇总表。推荐方案和比较方案分别列出。

2）照明系统构成图。

3）其他图表。

8　服务设施

1）服务设施规模汇总表。

2）总平面布置图。

9　房屋建筑

1）房屋建筑(除服务设施外）规模汇总表。

2）各站点(除服务设施外）总平面布置图。

3）各站点建筑平、立、剖面。

4）主要建筑效果图。

5）收费天棚建筑方案。

6）收费天棚效果图。

3.2.9　第八篇　环境保护与景观设计

1　环境敏感区一览表。列出沿线环境敏感区(如水源、文物保护单位、居民区、医院、学校、疗养院等,以及自然保护区和湿地）的位置(桩号)、重要影响因素、影响范围和采取的工程措施等。

2　环境保护工程数量表。

3　降噪设计图。绘出降噪设施(如声屏障、降噪林等）的位置、结构类型、主要尺寸及规格等。比例尺用1:5~1:200。

4　污水处理设计图。比例尺用1:20~1:500。

5　取土场、弃土场处理设计图。

6　其他环保工程设计图。

7　植物配置表。

8　景观工程数量表。

9　景观设计图。绘出典型路基段断面、互通式立体交叉、服务区、隧道洞口等典型公路区段的景观设计图。高速公路重要区段及硬质景观应绘制效果图。

3.2.10　第九篇　其他工程

1　渡口码头表。列出桩号、地名或河名、河流宽度、工程或设备名称、主要工程数量等。

2　渡口码头平面布置图。示出渡口码头区内地形、地物、管理机构位置、停车场位置、防护工程位置、码头护岸、水流方向及斜交角度。比例尺用1:500~1:1 000。

3　渡口码头纵断面图。示出引道纵坡、水位、边坡加固等。列出主要工程、材料数量。水平比例尺用1:500~1:2 000,垂直比例尺用1:50~1:200。

4　其他工程表。分别列出桩号、工程名称(改移道路、改移河道、悬出路台、防雪走廊、港湾式停车带、观景台等)、数量等。

5　其他工程一般布置图。改移道路、沟渠(河）应示出平面、纵断面和横断面图等。比例尺根据需要确定。

3.2.11　第十篇　筑路材料

1　沿线筑路材料料场表。列出材料名称、料场编号、位置、桩号、上路桩号及运距、材料及料场状况、材料品质(指满足工程设计需要情况)、储藏量、供应量、覆盖层种类及厚度、成料率、开采运输方式,所需便道、便桥长度等。

2 材料试验资料表。分别列出砂、土、石、水、石灰、粉煤灰等不同原材料的物理力学性质(必要时包括化学性质)及路基、路面、桥梁、防护、隧道等工程设计中所需的混合料的试验结果,并列出各种材料的料场或产地、取样地点、取样时间等。试验项目应根据设计所需而定。路基填料应有击实及CBR试验资料等。

3 沿线筑路材料供应示意图。示出路线的桩号、主要工程和按施工组织方案布置的路面混凝土和粒料集中加工场及路线两侧主要料场的位置,材料(包括外购材料)上路桩号及距离。特大桥、大桥、隧道、互通式立体交叉等重点工程及施工场地应各自分别计算运距,路面及其他构造物等可全线或分段计算筑路材料平均运距。

3.2.12 第十一篇 施工方案

1 工程概略进度图。根据项目工可批复的施工期限、施工条件以及施工方案按年和季度进行概略安排。列出工程项目单位、数量,按年和季度示出各项工程施工起止时间、浮动时间、衔接时间。

2 施工便道主要工程数量表。列出施工便道的长度、宽度、防护工程圬工数量、便桥数量等。

3 其他临时工程一览表。列出工程名称(独立便桥、预制场、拌和场、钢梁、电力线等)、地点或桩号、工程项目及数量等。

4 公路临时用地表。列出位置或桩号、工程名称、隶属(县、乡、个人)长度、宽度、土地类别及数量等。

3.2.13 第十二篇 设计概算

设计概算应按交通部现行《公路基本建设工程概、预算编制办法》和《公路工程概算定额》及其他相关的规定编制。

3.3 改(扩)建公路工程

改(扩)建公路的初步设计除按第3.2条的规定编制外,应增加下列内容。本条适用于高速公路、一级公路,其他公路可参照执行。

3.3.1 第一篇 总体设计

1 建设条件

1)原有公路的等级、标准。

2)原有公路使用状况及存在的主要问题。

2 总体设计

1)改(扩)建原则。

2）原有公路各种交叉的设置规模、数量、密度，以及改建后利用、改造、增设的各种交叉设置规模、数量、密度等情况。

3）原有公路交通工程及沿线设施的设置情况，改建公路交通工程及沿线设施的设置原则、设置位置、规模等的情况。

4）施工期间交通组织原则，保证原有公路交通运营的措施，临时交通工程方案的论证比选情况。

3　路线

1）原有公路平、纵面指标的采用情况。

2）根据实测的原有公路的坐标、高程拟合的平、纵面线形与原设计的对比情况。

3）根据拟合的平、纵面指标，结合路基路面、桥涵、隧道、交叉、沿线设施的改建方案，说明路线平、纵面设计方案的比选论证情况。

4）平、纵指标的采用及与原有公路平、纵指标的对比情况。

4　路基、路面

1）原有公路路基标准横断面组成、使用状况等。

2）原有路基状况及检测的主要结论。

3）原有路基防护、排水的主要形式及其使用状况。

4）原有路面状况及检测的主要结论。

5）改建公路路基、路面及排水的主要形式及与原有公路相应结构之间的关系。

5　桥梁、涵洞

1）原有桥梁、涵洞的分布情况。

2）原有桥梁、涵洞与沿线水系、农田水利设施等的适应情况。

3）原有桥梁、涵洞的结构现状及检测的主要结论。

4）采用改(扩)建设计荷载标准对原有桥梁、涵洞进行结构验算的主要结论。

5）新建桥梁、涵洞与原有桥梁、涵洞连接(含原有桥梁、涵洞之间的相互连接）方案的比选与论证。按不同桥梁、涵洞结构形式分类进行方案比选，确定推荐的连接方案。

6）原有桥梁、涵洞维修加固方案的比选与论证。按不同桥梁、涵洞结构形式分类进行方案比选，确定维修加固方案(含全部或部分拆除重建)。

7）附属构造的维修、改造方案。

6　隧道

1）原有隧道分布情况。

2）原有隧道平纵面线形、建筑限界及内轮廓、支护衬砌结构、防排水措施、洞门形式、通风、照明、消防、监控及隧道交通工程等的设计和使用情况。

3）原有隧道支护衬砌结构现状检测的主要结论。

4）原有隧道的利用情况。

5）改建隧道设计方案。

6）改建隧道施工组织方案。

7　路线交叉

1）原有公路路线交叉的设置情况。

2）根据交通量预测结果、路网布局、城镇发展规划、地形地质条件等，结合地方政府意见，对原有及新增互通式立交的设置进行综合论证。

3）全线分离式立交、通道、天桥等路线交叉的设置原则、标准、规模及与原有交叉构造物的相互关系等。

8 交通工程及沿线设施

1）原有公路交通工程及沿线设施的基本情况。

2）改（扩）建公路交通工程的设计原则、标准、工程规模及原有交通工程设施的利用情况。

3）施工期间临时交通工程设置方案说明。

9 环境保护

1）原有公路环境保护设施及改（扩）建工程可能引发的环境保护问题及采取的对策。

2）原有建筑材料的利用及废弃情况。

10 施工方案

1）原有公路在路网中的作用分析。

2）改（扩）建施工中路线、路基、路面、桥涵、隧道、交叉等专业的施工对原有公路交通通行的影响及保通措施。

3）分离式立交和通道改建对地方道路交通运行的影响及采取的主要措施。

4）施工期原有公路交通限流、分流、封闭及绕行等管制措施的可行性分析，拟采取的交通组织方案。

11 主要技术经济指标表

本表应反映两个方面的内容：

1）原有公路技术指标。

2）改建道路的技术经济指标。

3.3.2 第二篇 路线

1 路线平面图。应示出拟合平面线形、设计平面线形。

2 路线纵断面图。应示出实测原始地面线和地面高程数据，绘制拟合的设计线、设计高程或设计线、设计高程。

3 公路用地图。应示出原有公路用地界、改建公路用地界、新增公路用地情况。

3.3.3 第三篇 路基、路面

1 路基标准横断面图。示出原有和改建后的路基宽度、车道划分、边坡坡率及新旧路基衔接情况。

2 新旧路基衔接工程数量表。列出起讫桩号、长度、简要说明、工程数量等。

3 新旧路基衔接工程设计图。示出原有路基及加宽路基、原有路基边坡开挖方式及衔接方式。

4 原有公路路基、路面构造物利用、维修、拆除工程数量表。

3.3.4 第四篇 桥梁、涵洞

1 原有构造物现状表。列出构造物位置(桩号和地名等)、构造物名称、结构类型、设计标准及各主要尺寸、修建年月、是否利用等,并附简要说明。

2 特大、大、中桥桥梁表。列出中心桩号、河流名称或桥名、改(扩)建宽度、孔数及孔径、交角、全长、上下部结构类型、加宽方法、维修加固方法等。

3 小桥表。列出中心桩号、河流名称或桥名、改(扩)建宽度、孔数及孔径、交角、全长、上下部结构类型、加宽方法、维修加固方法等。

4 涵洞表。列出中心桩号、结构类型、改(扩)建宽度、孔数及孔径、交角、填土高度、长度、设计流量、加宽方法、维修加固方法等。

5 桥梁加宽设计。

1) 特大、大、中桥主要工程数量表。按上、下部结构列出新建、连接部及部分拆除原桥的工程材料数量。

2) 桥梁连接、加宽构造图(常规结构)。应按不同结构形式、不同跨径分别绘制。

(1) 绘出推荐方案的立面、平面、断面、各部构造尺寸及数量等。示出连接部位大样,比例尺用1:50 ~1:200。阐述本方案的施工方法及受力特点。

(2) 桥梁连接、加宽构造图比较方案。内容与推荐方案相同。

(3) 一般构造图。绘出加宽部分的上部构造的各部尺寸,列出材料数量表。

(4) 主要构造图。绘出加宽方案主梁(板) 钢束布置图,列出材料数量表。

3) 特大、大、中桥设计图。

(1) 桥位平面图。示出桥位地形、桥梁位置、原有桥梁边线、改(扩) 建宽度及调治构造物、防护工程等。桥头接线应示出路线中心线、路基边缘线、公里及百米桩、直线或平曲线半径、缓和曲线参数,桥梁长度和宽度、锥坡、桥梁中心桩号和交角。比例尺用1:500 ~1:2 000。

(2) 桥型布置图。绘出原有桥梁(包括主要调治构造物和防护工程) 的立面、平面、横断面和各部构造尺寸等[包括原有桥梁宽度、改(扩)建宽度]。示出河床断面(山区或地形复杂的桥梁应有三条地面线)、地质分界线、各种设计水位、冲刷深度、墩台高度及基础埋置深度,及桥面纵、横坡度等。当为弯桥或斜桥时,还应示出桥轴线半径、水流方向及斜交角度。还应在图的下部各栏中示出里程桩号、设计高度、坡度、坡长、竖曲线要素、平曲线等。说明加宽方法。列出主要工程材料数量表。比例尺用1:200 ~1:2 000。

(3) 一般构造图。绘出桥梁的上部构造(常规结构可不绘)、下部墩台及基础的各部尺寸,连接部大样,分上、下部列出材料数量表,阐述本方案的施工方法及受力特点。

(4) 主要构造图。绘出加宽方案主梁(板) 钢束构造图、数量表(常规结构可不绘)。

4) 小桥主要工程数量表。按上、下部结构列出新建、连接部及部分拆除原桥的工程数量。

5）小桥连接、加宽构造图。应按不同结构形式分别绘制。绘制小桥立面、平面、断面、各部构造尺寸及数量等。示出连接部位大样，比例尺用1∶50～1∶200。阐述本方案的施工方法及受力特点。

6）涵洞主要工程数量表。列出新建、连接部及部分拆除原涵的工程材料数量。

7）涵洞连接、加宽构造图。应按不同结构形式分别绘制。绘出涵洞的立面、平面、断面、各部构造尺寸及数量等。示出连接部位大样，加固构造图。比例尺用1∶50～1∶200。阐述本方案的施工方法及受力特点。

6　桥涵维修、加固设计。

1）特大、大、中桥主要工程数量表。按上、下部结构列出维修、加固及部分拆除原桥的工程材料数量。

2）特大、大、中桥设计。

（1）桥型布置图。绘出桥梁（包括主要调治构造物和防护工程）的立面、平面、横断面和各部构造尺寸等。示出河床断面、地质分界线、各种设计水位、冲刷深度、墩台高度及基础埋置深度，及桥面纵、横坡度等。当为弯桥或斜桥时，还应示出桥轴线半径、水流方向及斜交角度。还应在图的下部各栏中示出里程桩号、设计高度、坡度、坡长、竖曲线要素、平曲线等。说明加固方法。列出主要工程材料数量表。比例尺用1∶200～1∶2 000。

（2）一般构造图。绘出桥梁的上部构造、下部墩台及基础的各部尺寸（所需加固部分），列出材料数量表。

（3）主要构造图。绘出加固方案构造图、数量表。比例尺用1∶50～1∶200。阐述本方案的施工方法及受力特点。

3）小桥主要工程数量表。按上、下部结构列出维修、加固的工程材料数量。

4）小桥加固构造图。应按不同结构形式分别绘制。绘出加固方案的构造、数量表。比例尺用1∶50～1∶200。阐述本方案的施工方法及受力特点。

5）涵洞主要工程数量表。列出维修、加固的工程材料数量。

6）涵洞加固构造图。应按不同结构形式、不同加固方法分别绘制出加固方案的构造图、数量表。比例尺用1∶50～1∶200。阐述本方案的施工方法及受力特点。

7）废弃拆除原有桥涵及其他构造物表。列出中心桩号、河名或桥涵名称、交角、孔数及孔径、长度、结构类型、废弃原因及拆除数量。

8）服务区、停车区连接通道设计图表。

3.3.5　第五篇　隧道

1　原有隧道现状调查表。列出进出口的桩号、平纵面指标、围岩分级、支护衬砌类型、施工方法、修建时间、结构现状、利用情况。

2　利用隧道的安全配套设计方案。

3　改建隧道设计图。

4　改建隧道施工方案图。

3.3.6 第六篇 路线交叉

互通式立交设计中应示出拟保留利用匝道的纵断面图。

3.3.7 第七篇 交通工程及沿线设施

原有交通工程设施调查表。列出原有主要交通工程设施的品牌、材质、建设时间、结构现状、利用方案比较表。

3.3.8 第十一篇 交通组织设计

1 施工期交通组织设计图。包括路网分流、绕行设计方案和交通管制措施等设计图;为保持原有公路畅通及地方道路的通行而设置的临时工程设计图。

2 临时交通工程一览表。列出序号、名称、单位及数量、备注等。

3.4 基础资料

3.4.1 各级政府相关部门的批准文件。

3.4.2 专题研究成果资料。

3.4.3 地震灾害性评价报告。

3.4.4 地质安全性评价报告。

3.4.5 环境影响评价报告书。

3.4.6 水土保持方案报告书(如果有)。

3.4.7 平面控制测量、高程控制测量资料。

3.4.8 综合地质勘察(遥感航片、调绘、物探、钻探)和地震动峰值加速度复核等资料。

3.4.9 水文调查与计算资料,流速、流量模型试验等资料。

3.4.10 原有公路路基、路面、桥涵、隧道检测结果及评价报告。

3.4.11 其他。

4 技术设计

4.1 目的与要求

4.1.1 技术设计阶段应根据初步设计批复意见、测设合同的要求，对重大、复杂的技术问题通过科学试验、专题研究，加深勘探调查及分析比较，解决初步设计中未解决的问题，落实技术方案，计算工程数量，提出修正的施工方案，修正设计概算，批准后则为编制施工图设计的依据。

4.1.2 技术设计应根据初步设计批复意见、测设合同和需要解决的技术问题，满足下列有关要求：

1 对初步设计所定方案详加研究，进一步补充和修改。

2 补充必要的地质、水文、气候、地震和地质钻探资料，以及土工、材料、结构或模型试验成果。

3 提出科学试验成果、专题报告。

4 提出修正的施工方案。

5 编制修正概算。

4.2 组成与内容

4.2.1 公路工程建设项目技术设计文件，应根据技术设计的目的与要求以及工程需要解决的技术问题，参照第 3.2.1 条、第 3.3.1 条和第 5.2.1 条有关规定编制。

4.2.2 对于公路工程建设项目中的特大桥、互通式立体交叉、隧道、交通工程及沿线设施的技术设计文件，除按第 4.2.1 条的规定编制外，还必须对整个建设项目的总体设计情况予以补充说明，对总概算加以修正。

5 施工图设计

5.1 目的与要求

5.1.1 两阶段(或三阶段)施工图设计阶段应根据初步设计(或技术设计)批复意见、测设合同,进一步对所审定的修建原则、设计方案、技术决定加以具体和深化,最终确定各项工程数量,提出文字说明和适应施工需要的图表资料以及施工组织计划,并编制施工图预算。

5.1.2 一阶段施工图设计应根据可行性研究报告批复意见、测设合同的要求,拟定修建原则,确定设计方案和工程数量,提出文字说明和图表资料以及施工组织计划,编制施工图预算,满足审批的要求,适应施工的需要。

5.1.3 施工图设计应:

1 确定路线具体位置。

2 确定路基标准横断面和高填深挖路基、特殊路基横断面,绘制路基超高、加宽设计图;计算土石方数量并进行调配;确定路基取土、弃土的位置,绘制取土坑、弃土场设计图。

3 确定路基路面排水系统和支挡、防护工程的结构类型及尺寸,绘制相应布置图和结构设计图。

4 确定高填深挖、陡坡路堤及特殊路基设计的结构形式及尺寸,并绘制设计图。

5 确定各路段的路面结构类型、路面混合料类型,并绘制路面结构图。

6 确定特大、大、中桥的位置、孔数及孔径、结构类型及各部尺寸,绘制结构设计图。

7 确定小桥、涵洞、漫水桥及过水路面等的位置、孔数及孔径、结构类型及各部尺寸,绘制布置图。特殊设计的,应绘制特殊设计详图。

8 确定隧道及其附属设施的形式及尺寸,绘制布置图和设计详图。

9 确定路线交叉形式、结构类型及各部尺寸,绘制布置图和设计详图。

10 确定交通工程及沿线设施的各项工程的位置、类型及各部尺寸,绘制布置图和设计详图。

11 确定改(扩)建工程施工期间的交通组织设计详图。

12 确定环境保护与景观工程的位置、类型及数量,绘制布置图和设计详图。

13 确定改路、改渠(河)等其他工程的位置、结构形式及尺寸,绘制相应的布置图和设计详图。

14 落实沿线筑路材料的质量、储藏量、供应量及运距,绘制筑路材料运输示意图。

15 确定征用土地、拆迁建筑物及电力、通信等的数量。

16 计算各项工程数量。

17 提出施工组织计划。

18 提出人工数量及主要材料、机具、设备的规格及数量。

19 编制施工图预算。

5.2 组成与内容

5.2.1 施工图设计文件由下列十二篇和附件组成。

第一篇 总体设计

第二篇 路线

第三篇 路基、路面

第四篇 桥梁、涵洞

第五篇 隧道

第六篇 路线交叉

第七篇 交通工程及沿线设施

第八篇 环境保护与景观设计

第九篇 其他工程

第十篇 筑路材料

第十一篇 施工组织计划

第十二篇 施工图预算

附件 基础资料

一阶段施工图设计文件的组成和内容与两阶段(或二阶段)施工图设计文件基本相同,但总说明及分篇说明应参照本办法第3.2.1条有关初步设计说明书的内容编写并补充必要的比较方案图表资料。报送审批的设计文件可不报结构设计图和设计详图。

5.2.2 第一篇 总体设计

1 项目地理位置图。示出路线在省级以上交通网络图中的关系及沿线主要城镇等的概略位置。

2 说明书。

1)扼要说明任务依据及测设经过。

2)技术标准。

3)路线起讫点、中间控制点、全长、沿线主要城镇、河流、公路及铁路等及技术标准、工程概况。

4)初步设计批复意见执行情况。初步设计(或技术设计)所拟定的修建原则、设计方案、技术决定等的变更依据及理由。

5）沿线地形、地质、地震、气候、水文等自然地理特征及其与公路建设的关系。

6）沿线筑路材料、水、电等建设条件及与公路建设的关系。

7）与周围环境和自然景观相协调情况。

8）山区公路复杂路段局部路线方案的优化及比选论证情况。

9）分期修建工程分期实施设计的说明和对工程实施的建议。

10）各项工程施工的总体实施步骤的建议及有关工序衔接等技术问题的说明以及有关注意事项。

11）新技术、新材料、新设备、新工艺的采用等情况。

12）与有关部门协商情况。

3 路线平、纵面缩图。与初步设计要求相同，但要增加标段划分的桩号与合同段的名称，不绘路线比较方案。

4 主要技术经济指标表。

5 附件。初步设计（或技术设计）批复意见、测设合同的必要内容、有关指示、协议和纪要等复印件。

6 公路平面总体设计图。图中示出地形、地物、平面控制点、高程控制点、坐标网格、路线位置［桩号、断链、路中心线、中央分隔带、路基边线、坡脚（或坡顶）线、示坡线及曲线主要桩位］与其他交通路线的关系、沿线排水系统、改移河道（沟渠）及道路、县以上境界、用地界等，标出桥梁、涵洞、隧道、路线交叉及防护工程的位置（桥梁按孔数及孔径、长度标绘，注明桥名、结构类型、孔数及孔径、中心桩号；隧道按长度标绘，注明名称、长度、桩号；互通式立体交叉绘出平面布置形式，注明跨线桥名称、结构类型、孔数及孔径、交叉方式；平面交叉示出平面形式；涵洞与通道按孔数标绘，示出结构类型、孔数及孔径，通道还应注明类别；防护工程注明类型），示出服务区、停车区、收费站等。对设置爬坡车道、应急车道、紧急停车带、公共汽车停车站的路段，应示出其放置位置及起讫点桩号。比例尺用1:1 000或1:2 000。

5.2.3 第二篇 路线

1 说明。

1）初步设计（或技术设计）批复意见执行情况。

2）路线平面、纵断面设计说明。

3）施工注意事项。

2 路线平面图。示出地形、地物、路线（不绘比较方案）位置及桩号、断链、平曲线主要桩位与其他交通路线的关系以及县以上境界等，标注平面控制点和高程控制点及坐标网格和指北图式，示出涵洞、桥梁、隧道、路线交叉（标明交叉方式和形式）位置、中心桩号、尺寸及结构类型等。并示意主要改路、改渠等。图中列出平曲线要素表。标注地形图的坐标和高程体系以及中央子午线经度或投影轴经度。比例尺，高速公路、一级公路采用1:2 000，其他公路也可采用1:2 000～1:5 000。

3 路线纵断面图。示出网格线、高程、地面线、设计线、竖曲线及其要素、桥涵、隧道、路线交叉的位置。桥梁按桥型、孔数及孔径标绘，注明桥名、结构类型、中心桩号、设计水位；跨线桥示出交叉方式；隧道按长度、高度标绘，注明名称；涵洞通道按桩号及底高绘出，注明孔数及孔径、结构类型、水准点(位置、编号、高程) 及断链等。水平比例尺与平面图一致，垂直比例尺视地形起伏情况可采用1:200、1:400 或1:500。图的下部各栏示出地质概况、填挖高度、地面高程、设计高程、坡长及坡度、直线及平曲线(包括缓和曲线)、超高、桩号。

4　直线、曲线及转角表。列出交点号、交点桩号、交点坐标、偏角、曲线各要素数值、曲线控制桩号、直线长、计算方位角或方向角、备注路线起讫点桩号、坐标系统等。

5　纵坡、竖曲线表。

6　总里程及断链桩号表。列出总里程、测量桩号、断链桩号断链(增长、减短)、断链累计(长链、短链)、换算连续里程等。

7　公路用地表。列出用地起讫桩号 、长度、宽度，所属县、乡、村，土地类别及数量等。

8　公路用地图。示出路线用地界线(变宽点处注明前后用地宽度及里程桩号)，土地类别、分界桩号及地表附着物，土地所属县、乡等。高速公路、一级公路在用地范围以外还应标出建筑红线。比例尺用1:500 ~ 1:2 000。

9　赔偿树木、青苗表。列出桩号、位置、所有者、树木、青苗类别及数量等。

10　砍树挖根数量表。列出桩号、长度、宽度，以及除草、砍灌木林、砍树挖根、挖竹根的数量等。[也可与耕地填前夯(压)实数量表、挖淤泥排水数量表放在一起列入路基工程中。]

11　拆迁建筑物表。列出建筑物所在路线的桩号、距路中心线的距离(左右)，所属单位或个人、建筑物种类及数量等。

12　拆迁电力、通信设施表。列出各项设施所在桩号、交叉角度、所属单位、用途、拆迁长度、设备种类和数量等(需要时应根据电压进行分类合计)。

13　纸上移线图*。在编制三、四级公路施工图设计文件时，如发现路线有局部修改需作纸上移线的应绘本图。

14　路线逐桩坐标表*。高速公路、一级公路编制本表。列出桩号，纵、横坐标等并注明坐标系统及中央子午线经度或投影轴经度。

15　控制测量成果表，即导线点成果表*。列出导线点编号、点名、坐标、边长、方位角及高程等，并注明坐标系统、高程系统及中央子午线经度或投影轴经度。水准点表*，列出水准点编号、高程、位置等。点之记*。

16　安全设施。

1) 区域路网交通标志布置图。

2) 安全设施工程数量汇总表。

3) 沿线标志、标线平面布置图。

注：凡标有 * 号的图表只交付施工部门，不报送审批单位，后同。

4）标志设置一览表。
5）标线设置一览表。
6）突起路标(路钮)设置一览表。
7）护栏设置一览表。
8）隔离栅设置一览表。
9）轮廓标设置一览表。
10）防眩板设置一览表。
11）防落物网设置一览表。
12）诱导标设置一览表。
13）标志板面布置图。
14）单柱式标志一般构造图。
15）双柱式标志一般构造图。
16）单悬臂标志一般构造图。
17）双悬臂标志一般构造图。
18）门架式标志一般构造图。
19）互通标志布设图。
20）服务区(停车区）标志布设图。
21）收费广场标志布设图。
22）主线标线及导向箭头设计图。
23）振荡标线设计图。
24）减速标线设计图。
25）出口标线设计图。
26）入口标线设计图。
27）突起路标一般布置图。
28）互通立交区标线设计图。
29）平面交叉口导流标线设计图。
30）路侧波形梁护栏一般构造图。
31）中央分隔带波形梁护栏结构设计图。
32）护栏立柱及附件一般构造图。
33）活动护栏一般构造图。
34）分合流护栏一般布置图。
35）混凝土护栏一般构造图。
36）防眩板一般构造图。
37）防撞设施构造图。
38）减速垄设计图。
39）焊接网隔离栅一般构造图。
40）焊接网隔离栅安装设计图。

41）刺铁丝隔离栅一般构造图。

42）刺铁丝隔离栅安装设计图。

43）防落物网一般构造图。

44）轮廓标一般构造图。

45）栏式轮廓标设计图。

46）界碑、百米牌及锥形路标一般构造图。

47）里程牌一般构造图。

5.2.4 第三篇 路基、路面

1 说明

1）初步设计(或技术设计）批复意见执行情况。

2）施工图标段(合同段）划分情况说明。

3）路基设计原则、路基横断面布置及加宽、超高方案的说明。

4）路基设计(包括高填深挖路基、特殊路基设计)、施工工艺、参数,材料要求等说明。(特殊处理的高填深挖路基,滑坡、崩塌、泥石流、采空区等大型特殊路基设计应按工点编制设计说明。)

5）路基压实标准与压实度及填料强度要求的说明。

6）路基支挡、加固及防护工程设计说明。

7）路基、路面排水系统及其防护设计说明。

8）取土、弃土设计方案,环保及节约用地措施。

9）路面结构设计(主线、互通立交匝道、被交道路、收费站广场、桥面铺装、隧道路面等),材料要求、混合料要求、级配组成及施工要求等。

10）路床顶面验收标准说明。

11）施工方案及注意事项。

12）动态设计及监控方案说明。

2 设计图表

1）路基设计表*。列出平曲线要素、纵坡(坡高、坡长、变坡点桩号及高程)、竖曲线要素、桩号、地面高程、设计高程、填挖高度、路基宽度(原宽、加宽、加宽后总宽)、缓和长度、超高值(左、右)、路基边缘与设计高之差(左、右）等。

高速公路、一级公路应列出平曲线要素、纵坡(坡高、坡长、变坡点桩号及高程)、竖曲线要素、桩号、地面高程、设计高程、填挖高度、路基宽度(中央分隔带、左右幅分别按行车带及路缘带、硬路肩、土路肩计列)、各点与设计高之差(左右幅分别按左侧路缘外缘、硬路肩外缘、土路肩外缘各点填列),并说明加宽、超高情况。

2）边沟(排水沟)设计表*。高速公路、一级公路应列出桩号、地面高程、设计高程、按左右侧分别列出边沟或排水沟形式及尺寸、沟中心至中桩距离、沟底纵坡(设计资料、沟底高程、说明等)。

3）路基标准横断面图。同初步设计。

4）一般路基设计图。同初步设计。

5）路基横断面设计图。绘出所有整桩、加桩的横断面图，示出加宽、超高、边坡及坡率（包括各分级边坡）、边沟、截水沟、碎落台、护坡道、边坡平台、路侧取土坑（如果有）、开挖台阶及视距台等，注明用地界。挡土墙、护面墙、护脚、护肩、护岸、边坡加固、边沟（排水沟）及截水沟加固等均绘在本图上，并注明起讫桩号、防护类型及断面尺寸（另绘有防护工程设计图的只绘出示意图，注明起讫桩号和设计图编号）。高速公路、一级公路还应标出设计高程，路基边缘高程，边沟（排水沟）底设计高程。比例尺用1∶100～1∶400。

6）超高方式图。分类型绘出超高纵断面、缓和段代表性超高横断面，注出主要尺寸、超高渐变率、横坡及超高值。

7）隧道进出口过渡设计图。完成连拱隧道、小净距隧道进出口段与路基段的中央分隔带宽度、行车道的位置、路基边坡设计及其防护工程的过渡平面图，标明过渡段长度、方式及各部分尺寸。比例尺用1∶200～1∶1 000。

8）耕地填前夯（压）实数量表。列出夯（压）实段起讫桩号、长度、夯实面积等。

9）挖淤泥排水数量表。列出一般地基路段挖淤泥桩号、长度、宽度、淤泥厚度、水深、挖淤泥及排水数量等。软土地基段计入特殊路基工程部分。

10）高填深挖路基工程数量表。分别列出高填方路堤、深挖方路堑段起讫桩号、长度、路基中心最大填挖高度及最大边坡高度，地基、路基及边坡处理加固措施、工程及材料数量等。

11）高填深挖路基设计图。分别逐段绘出高填方路堤、深挖方路堑段控制横断面及其断面布设、地基或边坡地质情况、填料种类及要求，地基处理、原地面处理及边坡处理或防护、排水措施等。对特殊处理高填深挖路基要求绘制工程平面图、立面图、逐桩及处理措施有变化的横断面图、支挡结构详细设计图等，比例可采用1∶200～1∶2 000。

12）低填浅挖路基处理工程数量表。列出低路堤开挖、回填土方数量及特殊处理的工程数量等。

13）低填浅挖路基处理设计图。示出平原地区低填路基填筑中，清表和填前夯实的厚度，并且按不同路基高度分别说明路基各层采用的填料种类、强度、是否改性及掺改性剂类型、剂量等。

14）桥头路基处理工程数量表。分别列出桥头路堤起讫桩号、处理措施及工程数量等。

15）桥头路基处理设计图。示出桥头路基处理设计、具体尺寸及材料要求、施工注意事项等。

16）陡坡路堤或填挖交界处理工程数量表。列出陡坡路堤或填挖交界处起讫桩号、设计处理措施及压实度要求、工程数量等。

17）陡坡路堤或填挖交界处理设计图。示出陡坡路堤或填挖交界处路基处理详细设计图及施工注意事项等。

18）特殊路基设计表。对软土地基处理，应列本表，列出地基处理段落、处理方案、填土高度、填土控制速率、预压设计（包括预压高度、预压时间、预压期沉降、总沉降及工后沉降、预压期末高程)、桩(板)的间距、长度、桩径以及施工各阶段施工控制高程等。

19)特殊路基设计工程数量表。分别列出软土、膨胀土、湿陷性黄土、盐渍土、多年冻土、岩溶等不良岩土以及滑坡、崩塌、泥石流、采空区病害地段等自然因素影响强烈的路基段的起讫桩号、位置、长度、宽度、处理方式或措施、工程及材料数量等。

20)特殊路基设计图。绘制软土、膨胀土、湿陷性黄土、盐渍土、多年冻土、岩溶等不良岩土以及滑坡、崩塌、泥石流、采空区、病害地段或受水、气候等自然因素影响强烈的路基段的路基处理设计图,并标注地质资料,比例尺用1:100~1:200。滑坡等病害地段还需绘制工程平面图、地质断面图、主滑断面设计图,平面图比例一般1:200~1:2 000。

21)特殊路基处理段地质纵断面图。对软土地基处理,应绘制本图,示出工程地质纵断面,并描述地质概况,给出路基填土高度、地基处理方法及处理参数等。

22)中间带设计图。绘出中央分隔带平面、断面设计图及路缘石大样图,示出预埋管道及轮廓尺寸等。列出每延米工程及材料数量表。比例尺根据需要确定。

23)中央分隔带开口设计图。按类型分别绘出平面布置图、中央分隔带渐变段断面图、开口处路面结构图、缘石大样图。比例尺用1:20~1:200。列出中央分隔带开口一览表、一个开口工程材料数量表及总数量表。

24)路基土石方数量表*。列出桩号、断面积、平均断面积、挖方(包括挖路槽的总体积、土类、石类)、清表土方数量、填方(总体积、填土及填石,分压实方和自然方)、本桩利用方、余方、欠方、远运利用方、调配示意、运量、借方(分土类、石类、运距、运量)、弃方(土、石、运距、运量)等。

25)路基每公里土石方数量表。列出起讫桩号、长度、挖方(总体积、土类、石类)、清除表土、填方(总体积、填土及填石,分压实方和自然方)、本桩利用方、远运利用方、借方、弃方、总运量、计价土石方总数等。并说明表土的利用措施、平均运距、临时占地等。

26)路基土石方运量统计表*。列出起讫桩号、施工方法[人工施工土方、推土机施工土方、铲运机施工土方、挖土机配自卸汽车施工土方、人工施工石方、机械施工石方(人工清运)、机械施工石方(机械清运)]、数量、平均运距。

27)取土坑(场)、弃土堆(场)一览表。列出取土或弃土地段起讫桩号、取土或弃土位置(左、右侧)、上下路桩号、支线长度、运距、取土坑(范围、土名、土类、击实试验结果、最大挖深、可取量、计划用量)、占用土地(永久或临时)、开挖方式及运输条件、弃土堆(土、石方数量、运距)、临时工程(便道、便桥等),防护、排水、绿化、复垦工程数量,并列出取土坑(场)、弃土堆表层种植土的数量,说明表层种植土的利用措施。取土坑(场)或弃土堆(场)应分别列表。

28)取土坑(场)、弃土堆(场)设计图。大型取土坑(场)、弃土堆(场)应绘制本图。示出地形、地物、位置、范围、运输道路、防护、排水、绿化及复垦的设计要求及平面、断面图等内容,有条件时应附现场实景照片。并说明施工注意事项。比例尺用1:500~1:10 000(比例小于1:2 000时,应采用现场实测断面)。

29)路基防护工程数量表。列出路基支挡、防护工程起讫桩号、工程名称、主要尺寸及说明、单位、工程数量(左、右)及材料数量等(包括护坡、挡土墙、护墙、护脚、护肩、边坡加固、驳岸、护岸、防水堤坝等)。

30)路基支挡、防护工程设计图。绘出各项支挡、防护工程的立面、断面及详细结构设计图。比例尺用1:50~1:500。按不同情况列出每延米或每处工程及材料数量表。挡土墙设计还应绘制平纵面图、逐桩及墙高变化处的横断面图、挡土墙断面大样图、挡墙顶部护栏基础设计图,以及不同墙高对应尺寸和每延米数量,并计列每处(段)工程及材料数量表。比例尺用1:200~1:400。

31)路面工程数量表。列出起讫桩号、长度、结构类型、各结构层次名称及厚度[分行车道、路肩加固计列,高速公路、一级公路分行车道、路缘带、硬路肩、中央分隔带(缘石、填土等)、爬坡车道、紧急停车带等计列]、培路肩等。

32)路面结构图。示出自然区划、每个行车道交通量累计轴次、设计弯沉及土基回弹模量等设计参数,并分别示出行车道、路肩加固以及隧道、桥面铺装、桥头路基的路面结构与厚度(高速公路、一级公路分行车道、路缘带、硬路肩、紧急停车带、爬坡车道、互通立交匝道、被交道路、收费站广场等)。绘出路面边缘大样图,列出单位(1 000m^2)工程及材料数量表。

33)水泥混凝土路面设计图。水泥混凝土路面应绘出水泥混凝土路面分块布置、接缝构造和补强设计及刚柔过渡设计图等。比例尺用1:50~1:500。

34)平曲线上路面加宽表*。列出平曲线交点(交点号、桩号)、半径、加宽宽度、圆曲线长度、缓和长度、加宽长度及面积等。

35)路基、路面排水系统布置图。一般公路排水系统困难地段应绘制本图。比例尺根据需要确定。高速公路、一级公路绘在路线平面总体设计图内,根据排水详细设计具体反映。

36)路基、路面排水工程数量表。列出起讫桩号、工程名称、单位、断面形式和主要尺寸说明、工程及材料数量(包括边沟、跌水井、排水沟、截水沟、盲沟、急流槽,以及高速公路、一级公路中间带的纵向排水沟、集水井、横向排水管、拦水带及超高段路面排水等)。

37)路基、路面排水工程设计图。绘出各项排水工程平面布置、立面、断面,及结构设计图和有关大样图。比例尺用1:20~1:200。列出急流槽、集水井与横向排水管的设置位置及每延米或每处工程数量表。

5.2.5 第四篇　桥梁、涵洞

1　说明。

1)初步设计(或技术设计)批复意见执行情况。

2)特大、大、中桥的桥位、桥型,墩台及基础埋置深度等修正以及特大、大、中桥的结构设计说明。

3)小桥、涵洞设计说明。

4)主要材料及新技术、新工艺的采用情况。

5)桥梁结构分析计算及计算参数的选取情况。

6)桥梁耐久性设计、养护维修设施设计情况。

7）施工方法及施工注意事项。

2 特大、大、中桥工程数量表。列出采用标准图编号、上下部构造、工程及材料数量等。

3 特大、大、中桥设计图。

1）桥位平面图。要求与初步设计相同。高速公路、一级公路应增绘中央分隔带、坡脚线、地质钻孔在平面上的位置和编号。

2）桥位工程地质纵断面图。特大桥、大桥及地质复杂中桥应绘制本图。水平比例尺用1∶200～1∶2 000，垂直比例尺相应地采用1∶20～1∶500。

3）桥型布置图。绘出立面（或纵断面）、平面、横断面，示出河床断面、地质分界线、钻孔位置及编号、特征水位、冲刷深度、墩台高度及基础埋置深度、桥面纵坡，以及各部尺寸和高程。弯桥或斜桥尚应示出桥轴半径、水流方向和斜交角度。设计要素栏内应列出里程桩号、设计高程、地面高程、坡度、坡长、竖曲线要素、平曲线要素等。比例尺用1∶200～1∶2 000。

4）结构设计图。绘出上、下部结构、基础及其他细部结构设计图。比例尺用1∶50～1∶200，细部结构可用1∶5～1∶50。当采用标准图时，应在桥型布置图中注明采用的标准图名称及编号。

5）调治构造物及附属工程设计图。绘出调治构造物平面、横断面，必要时应绘出立面，比例尺用1∶50～1∶500。附属工程结构设计图要求参考结构设计图。

4 小桥工程数量表。列出中心桩号、河流名称或桥名、交角、孔数及孔径、全长、上下部结构类型、采用标准图或通用图编号、上下部构造、墩台工程、材料数量等。

5 小桥设计图。

1）布置图。绘出立面（或纵断面）、平面、横断面。示出河床断面，注明特征水位、地质概况、各部尺寸、高程和里程。比例尺用1∶50～1∶200。

2）结构设计图。采用标准图或通用图的，在布置图中注明标准图或通用图的名称及编号，不再绘本图。特殊设计的，应按大、中桥结构设计图的内容及要求绘制。

6 涵洞工程数量表。列出中心桩号、交角、孔数及孔径、涵长、结构类型、进出口型式、采用标准图或通用图编号、工程数量、材料数量等。

7 涵洞设计图。

1）布置图。绘出设置涵洞处原地面线及涵洞纵向布置，斜涵应绘出平面和进口的立面。示出地基土质情况，各部尺寸和高程。比例尺用1∶50～1∶200。

2）结构设计图。采用标准图或通用图的，在布置图中注明标准图或通用图的名称及编号，不再绘本图。特殊设计的（包括进出口式样特殊或铺砌复杂的），应绘各部详图。

5.2.6 第五篇　隧道

1 说明。

1）设计依据以及总体原则。

2）初步设计（或技术设计）批复意见以及相关咨询意见的执行情况。

3）隧道设计。

4）特殊地质条件下隧道设计。

5）辅助坑道设计。

6）长、特长隧道通风防灾、救援设计。

7）隧道施工监控预测、地质预报设计。

8）隧道机电设施设计（包括监控、通风、标志、消防及救援设施、照明、供配电等）的说明。

9）环境保护设计。

10）施工方法及注意事项。

2　隧道表。要求与初步设计相同。

3　隧道工程数量表。要求与初步设计相同，但工程材料数量应包括机电设施的预埋件。

4　隧道设计图。

1）隧道（地质）平面图。要求与初步设计相同。

2）隧道（地质）纵断面图。要求与初步设计相同。

3）隧道（横洞）建筑限界及内轮廓图。要求与初步设计相同。

4）隧道一般设计图。按不同形式绘出洞口、洞门、洞身立、纵、平面的一般设计图，标注各部尺寸，比例尺用1:100～1:200。

5）隧道结构设计图。绘出洞口及洞门、洞身及衬砌（明洞衬砌、复合式衬砌等）、斜井、竖井、防水与排水、避车洞等图。比例尺用1:5～1:200。高速公路、一级公路还应绘出人行横洞、车行横洞、紧急停车带、预留洞室及电缆管（沟）等。

6）隧道超前支护设计图。

7）特殊地质隧道支护衬砌结构设计图。

8）隧道不良地质处治设计图。

9）隧道施工方案图。

10）隧道施工监控量测设计图。

11）隧道地质超前预报图。

12）隧道各类辅助坑道平、纵面（地质）支护衬砌设计图。

13）隧道弃渣场地图。

14）隧道施工场地布置图。

15）隧道路面工程设计图。

16）地下风机房设计图。

5　隧道机电设施。

1）入口设施设计图。

2）通风设施设计图。

3）照明设计图。

4）供配电设计图。

5）消防设计图。

6）紧急救援设计图。

7）通风与照明控制设施设计图。

5.2.7 第六篇 路线交叉

1 说明。

1）初步设计(或技术设计）批复意见执行情况。

2）路线交叉(包括互通式立体交叉、服务设施主体工程、分离式立体交叉、通道、天桥、平面交叉及管线交叉）设计的说明。

3）施工方法及注意事项。

2 互通式立体交叉设计图表。

1）互通式立体交叉一览表。参照第三章“第六篇互通式立体交叉一览表”编制。

2）互通式立体交叉平面图。参照第三章“第六篇互通式立体交叉平面图”绘制。采用整幅图,比例尺用1∶1 000或1∶2 000。

3）互通式立体交叉线位图。绘出坐标网格并标注坐标。示出主线、被交叉公路及匝道(含变速车道）中心线、桩号(公里桩、百米桩、平曲线主要桩位)、平曲线要素等。比例尺一般用1∶1 000或1∶2 000。

4）直线、曲线及转角表。参照“第二篇直线、曲线及转角表”编制。表中平曲线主要桩位附坐标。宜对收费站广场边线进行设计,并在直曲表中反映出来,便于控制施工质量。

5）逐桩坐标表*。参照“第二篇路线逐桩坐标表”编制。

6）互通式立体交叉纵断面图。参照路线纵断面图绘制出主线、被交叉公路、匝道的纵断面。示出互通式立体交叉简图及纵断面图位置。

7）匝道连接部设计图。示出互通式立体交叉简图及连接部位置,绘出匝道与主线、匝道与被交叉道路、匝道与收费站、匝道与匝道等连接部分设计图(包括中心线、行车道、路缘带、路肩、鼻端边线,不绘地形),示出桩号、各部分宽度等。当路基宽度(行车道、硬路肩等）发生变化时,应在附注中说明变化段的情况(起讫桩号、宽度值、变化方式等)。比例尺一般用1∶200～1∶400。并绘出缘石平面图和断面图,比例尺一般用1∶20～1∶50。

8）匝道连接部标高数据图。示出互通式立体交叉简图及连接部位置,绘出连接细部平面(包括中心线、中央分隔带、路缘带、行车道、硬路肩、土路肩、鼻端边线,不绘地形),示出各断面桩号、路拱横坡和断面中心线以及各部分宽度。对于未能在纵断面图中表达到的超高变化情况,应在附注中明确说明。比例尺一般用1∶200。

9）路基设计表*。参照“第三篇路基设计表”编制。

10）路基土石方数量表。参照“第三篇路基土石方数量表”编制。

11）互通式立体交叉区内路基、路面设计图表。参照本章“第三篇中路基标准横断面图、路基横断面设计图、路面结构图、排水设计图”等图表绘制,并根据需要绘制其他必要的设计图表。

12）主线及匝道跨线桥桥型布置图表。参照本章“第四篇大、中桥结构设计图表”绘制。

13）主线及匝道跨线桥结构设计图表。参照本章“第四篇大、中桥桥型布置图表”绘制。

14）通道设计图表。参照本章“第四篇小桥设计图”绘制。

15）涵洞设计图表。参照本章“第四篇涵洞设计图表”绘制。

16）管线交叉设计图表。比例尺根据需要定。

17）附属设施设计图。示出其他各项工程（包括挡土墙、交通工程及沿线设施预埋管道、阶梯、绿化等）的位置、形式，并视需要绘制设计图，比例尺根据需要定。

3　服务区、停车区等服务设施主体工程设计图。

1）平面图。参照第三章“第六篇互通式立体交叉平面图”绘制。采用整幅图，比例尺用1∶1 000或1∶2 000。

2）线位图。绘出坐标网格并标注坐标。示出主线、连接道路（含变速车道）中心线、桩号（公里桩、百米桩、平曲线主要桩位）、平曲线要素等。比例尺一般用1∶1 000或1∶2 000。

3）直线、曲线及转角表。参照“第二篇直线、曲线及转角表”编制。表中平曲线主要桩位附坐标。

4）逐桩坐标表*。参照“第二篇路线逐桩坐标表”编制。

5）纵断面图。参照路线纵断面图绘制出主线、连接道路的纵断面。示出服务设施简图及纵断面图位置。

6）连接部设计图。示出服务设施简图及连接部位置，绘出连接道路与主线连接部分设计图（包括中心线、行车道、路缘带、路肩、鼻端边线，不绘地形），示出桩号、各部分宽度等。当路基宽度（行车道、硬路肩等）发生变化时，应在附注中说明变化段的情况（起讫桩号、宽度值、变化方式等）。比例尺一般用1∶200～1∶400。并绘出缘石平面图和断面图，比例尺一般用1∶20～1∶50。

7）连接部标高数据图。示出服务设施简图及连接部位置，绘出连接细部平面（包括中心线、中央分隔带、路缘带、行车道、硬路肩、土路肩、鼻端边线，不绘地形），示出各断面桩号、路拱横坡和断面中心线以及各部分宽度。对于未能在纵断面图中表达到的超高变化情况，应在附注中明确说明。比例尺一般用1∶200。

8）路基设计表*。参照“第三篇路基设计表”编制。

9）路基土石方数量表。参照“第三篇路基土石方数量表”编制。

10）服务设施区内路基、路面设计图表。参照本章“第三篇”的内容及要求绘制，并根据需要绘制其他必要的设计图表。

11）天桥设计图表。参照本章“第四篇桥梁设计图”绘制，并列出除交通工程及沿线设施外天桥的所有工程、材料数量。

12）通道设计图表。参照本章“第四篇小桥设计图”绘制。

13）涵洞设计图表。参照本章“第四篇涵洞设计图表”绘制。

14）管线交叉设计图表。比例尺根据需要定。

15）附属设施设计图。示出其他各项工程（包括挡土墙、交通工程及沿线设施预埋管道、阶梯、绿化等）的位置、形式，并视需要绘制设计图，比例尺根据需要定。

4　分离式立体交叉设计图表。

1）分离式立体交叉一览表。参照第三章“第六篇分离式立体交叉一览表”编制。

2）分离式立体交叉工程数量表。列出除交通工程及沿线设施外引道及主体的所有工程、材料数量。

3）分离式立体交叉平面图。参照路线平面图绘制。其范围应包括桥梁两端的全部引道在内，图中示出主线、被交叉公路或铁路、跨线桥及其交角、里程桩号和平曲线要素，护栏、防护网、管线及排水设施的位置等。比例尺用1:1 000或1:2 000。

4）分离式立体交叉纵断面图。参照路线纵断面图绘制。可与平面图合并绘制。

5）被交叉公路横断面图和路基、路面设计图。参照本章“第三篇”的要求绘制。

6）分离式立体交叉桥桥型布置图。参照本章“第四篇大、中桥桥型布置图”绘制。

7）分离式立体交叉桥结构设计图。参照本章“第四篇大、中桥梁结构设计图”绘制。

8）其他构造物设计图。当被交叉公路内有挡土墙、涵洞、管线等其他构造物时，参照本章相应项目要求绘制设计图。

5　通道、天桥设计图表。

1）通道、天桥工程数量表。除交通工程及沿线设施外列出天桥的所有工程、材料数量。

2）通道设计图。

（1）通道布置图。给出全部引道在内的平面、纵断面、横断面，地质断面、地下水位等，比例尺用1:500～1:1 000。

（2）通道结构设计图。参照本章“第四篇小桥及涵洞结构设计图”绘制。

3）天桥设计图。参照本章“第四篇桥梁设计图”绘制。

6　平面交叉设计图表。

1）平面交叉设置及工程数量一览表。参照第三章“第六篇平面交叉设置及工程数量一览表”编制。

2）平面交叉布置图。绘出地形、地物、主线、被交叉公路或铁路、交通岛，注出交叉点桩号及交角、水准点位置及其编号和高程、管线及排水设施等的位置。比例尺用1:500～1:2 000。

3）平面交叉设计图。绘出环形和渠化交叉的平面、纵断面、横断面及标高数据图。平面图中注明控制点处的坐标（如交通岛、转弯平曲线圆心及起终点等）。标高数据图中注明路面水水流方向。平面设计图比例尺用1:500～1:2 000；纵断面图水平比例尺用1:500～1:2 000，垂直比例尺相应地用1:50～1:200，横断面比例尺用1:100～1:200。

7　管线交叉设计图表。

1）管线交叉工程数量表。列出管线交叉桩号、地名、被交叉的管线长度及管线类型、所属单位、交角、管线交叉方式（上跨或下穿）、净空或埋深及工程、材料数量。

2）管线交叉设计图。管线交叉需修建人工构造物时应绘本图。比例尺用1:50～1:200,细部结构用1:5～1:50。

5.2.8 第七篇　交通工程及沿线设施

1　说明。

1）总体设计。

（1）任务依据和设计调查过程。

（2）设计所采用的主要技术标准、规范及指南等。

（3）主线的技术标准、工程规模及特点。项目的技术标准,路线起、终点及长度,主要控制点,互通立交分布及形式,桥梁、隧道的主要工程规模等。项目的建设条件及工程实施计划。

（4）初步设计(或技术设计）批复意见执行情况。对初步设计(或技术设计）所拟定的设计原则、方案和系统构成、功能等如有变更时,应说明变更理由及报批情况。

（5）交通工程及沿线设施建设标准与规模。

（6）设计界面及标段划分情况。

（7）新材料、新技术、新设备、新工艺的采用情况。

（8）施工图预算与批准的设计概算(或修正概算）的比较情况。

（9）与有关部门的协调情况。

（10）主要技术经济指标一览表。

（11）施工方法及注意事项。分标段、专业说明所采用的施工工序、工艺及注意事项等;当采用特殊工具、设备及对施工人员技能有特殊要求时,应予以说明。

（12）问题与建议。

2）专业设计。

应分别说明各专业所采用的主要设备、材料等的关键技术参数、性能指标等,并说明设备安装调试注意事项、施工方法、工艺、工序等要求。各专业设计说明应放在相应专业文件分册中,位于各专业设计图表之前。

2　设计图表。

1）总体设计。

（1）路线地理位置图。

（2）交通工程及沿线设施平面布设总图。

（3）交通工程及沿线设施建设规模汇总表。

（4）管理、养护机构设置方案。

（5）管理、养护机构业务流程图。

（6）管理、养护机构业务人员编制表。

（7）管理、养护机构建筑面积及占地一览表。

（8）管理、养护设备机具配置表。

2）监控设施。

(1) 系统部分。

① 监控设施汇总表。

② 监控设备及主要材料数量汇总表。

③ 监控外场设备设置一览表。

④ 监控系统结构图。

⑤ 监控外场设备布置图。

⑥ 监控系统构成图。

⑦ 监控系统软件构成图。

⑧ 监控系统软件流程图。

⑨ 监控系统操作流程图。

⑩ 监控系统数据传输图。

⑪ 监控(分)中心设计图。给出监控系统视频图像传输图、监控(分) 中心闭路电视系统构成图、监控(分) 中心计算机系统构成图、监控(分) 中心显示墙体设计图、控制操作台设计、机房平面布置、机房防雷接地设计、监控室线缆敷设路由及监控室配电箱接线图等。

⑫ 外场设备设计图。给出各种监控外场设备的基础平面布置图、设备安装图、门架(立柱、支架) 设计图以及设备电气构成或接线图等。

(2) 土建部分。

① 监控系统土建工程数量表。

② 电力电缆敷设设计图。分别给出电力电缆埋设横断面图、电力线缆保护管过桥方式图、过桥管支架结构图、电缆标志桩构造图。

③ 外场设备基础设计图。给出各种监控外场设备的安装图、基础平面布置图、基础构造图、预埋件及预埋管线设计图等。

④ 手孔设计图。给出电力手孔和监控手孔(弱电信号转接) 的构造图、结构图及井盖设计图。

⑤ 其他图表。

3) 通信设施。

(1) 系统部分。

① 通信设施汇总表。

② 通信设备及主要材料数量汇总表。

③ 通信站布设及网络结构图。

④ 通信系统传输网络构成图。

⑤ 通路组织图。

⑥ 光纤线芯分配图。

⑦ 电话交换网构成图。

⑧ 程控交换机中继方式图。

⑨ 指令电话系统构成图。

⑩ 紧急电话系统构成图。

⑪ 监控、收费系统数据传输网络构成图。

⑫ 通信站设计图。应分别给出通信分中心(有人站)、无人站光纤数字传输系统构成图、通信分中心交换机配置图、通信站接入设备配置图、通信站 DDF 与 ODF 端子板分布图、通信站 MDF 分配表、电源监控系统图、通信电源系统示意图、有人通信站机房平面布设图、无人通信站机房平面布设图、通信机柜安装图、通信机柜底座加工图、通信站地线盘安装图等。

⑬ 光、电缆线路分配图。

⑭ 光缆接线盒连接方式图。

⑮ 光终端分配架示意图。

⑯ 通信主干光缆配盘设置表。

⑰ 其他图表。

(2) 土建部分。

① 通信土建工程数量汇总表。

② 通信管道及其敷设设计图。应给出中央分隔带管道铺设及人孔布置标准断面图、硅芯管颜色排列图、通信管道通过桥台布置图、通信管道通过中墩布置图、中央分隔带桥上通信管道托架结构图、通信管道过有采光井通道设置图、路侧硅芯管过桥构造图、路侧硅芯管过桥设施(支架)图、桥上玻璃钢管箱结构图、桥上玻璃钢分歧管箱结构图、主线硅芯管分歧进站布置图、管道通过桥面设计图、紧急电话分歧钢管铺设断面图等。

③ 紧急电话基础设计图。给出紧急电话平台构造图、紧急电话平台配筋图、紧急电话平台栏杆构造图、桥上紧急电话平台构造图、中央分隔带直通人孔构造图。

④ 人(手)孔设计图。给出中央分隔带直通人孔、路肩人孔的构造图、配筋图及井盖设计图等。

⑤ 其他图表。

⑥ 管道过桥设计图。

4) 收费设施。

(1) 系统部分。

① 收费设施汇总表。

② 收费设备及主要材料数量汇总表。

③ 收费制式及站点设置方案图。

④ 收费制式及站点设置方案比较表。

⑤ 收费系统构成总框图。

⑥ 收费(分)中心系统构成图。

⑦ 收费站系统软件总框图。

⑧ 收费系统数据流程图。

⑨ 收费站 CCTV 系统构成图。

⑩ 入口、出口收费车道设备构成图。

⑪ 入口、出口收费车道操作流程图。

⑫ 不停车收费车道操作流程图。

⑬ ETC 系统 POS 部分构成图。

⑭ ETC 收费入口、出口车道系统构成图。

⑮ 非接触式 IC 卡通行券管理流程图。

⑯ 收费中心通行卡管理软件模块

⑰ 收费站设备配电系统图。

⑱ 计重收费系统构成图。

⑲ 主线站、匝道收费站亭内设备布设图。

⑳ 收费岛设备布设图。分别示出匝道站入口单向收费岛、匝道站出口单向收费岛、匝道站双向岛、ETC 收费岛设备布设示意图。

㉑ 接地装置示意图。

(2) 土建部分。

① 收费土建工程数量汇总表。

② 收费站平面布置图。

③ 收费站广场一般布置图。

④ 收费广场设备基础、管线布置总图。

⑤ 收费岛设计图。给出入口、出口、ETC 及双向收费岛的一般构造图、收费岛上设备基础与管线布置图、岛头(岛尾、岛缘石) 配筋图、单(双) 向收费亭设计图、收费亭基础构造与配筋图、收费岛防撞柱及护栏设计图、收费岛设备基础布设图、收费岛管线预埋图、收费岛设备基础设计图、收费岛立面标记设计图等。

⑥ 人(手) 孔设计图。给出收费亭下人孔构造图与配筋图、路肩人(手) 孔构造与配筋图等。

⑦ 地下通道设计图。列出地下通道工程数量表、材料数量明细表等,给出地下通道平面图、建筑详图、结构图、地下通道入(出) 口结构图、栏杆设计图等。

⑧ 其他图表。

5) 供配电设施。

(1) 系统部分。

① 供电设施汇总表。

② 供电设施设备数量表。

③ 沿线设施用电负荷计算表。

④ 供电系统构成图。

⑤ 变电所设备布置及接地系统图。

⑥ 变电所供电系统图。

⑦ 高压开关柜主接线图。

⑧ 变电所主接线图。

⑨ 供电线缆敷设路由图。

(2) 土建部分。

① 供电系统土建工程数量汇总表。

② 箱式变电站基础图。

③ 箱式变电站外形尺寸图。

④ 电力电缆敷设图。给出电力电缆敷设路由图、电力电缆管箱设置方案图、直埋型电缆沟与标志桩设计图、电缆过路基时钢管敷设图、电缆标石构造图、电力电缆埋设断面布置图、配电箱基础构造图、配电箱基础配筋图等。

6) 照明设施。

(1) 系统部分。

① 照明设施汇总表。

② 照明设施设备数量表。

③ 互通区照明平面布置图。

④ 收费广场照明平面布置图。

⑤ 收费广场照明系统图。

⑥ 照明灯杆结构示意图。

(2) 土建部分。

① 照明系统土建工程数量汇总表。

② 照明灯具安装基础设计图。分别给出高杆灯、中杆灯及低杆灯的安装结构图、基础结构图、基础预埋件设计图等。

7) 房屋建筑。

(1) 房屋建筑主要工程数量汇总表。

(2) 通信及监控、收费预埋管路总平面图。总平面、建筑、结构、建筑电气、给水排水、采暖通风与空气调节、热能动力等专业设计说明与图表建议参照建设部《建筑工程设计文件编制深度规定》。

5.2.9 第八篇 环境保护与景观设计

1 说明。

1) 初步设计(或技术设计)批复意见执行情况。

2) 相关部门和业主的意见及落实情况。

3) 公路工程及设施与沿线自然环境的协调情况及采取的措施等。

4) 景观设计的理念、原则及表现手法等。

5) 主要场地自然条件(包括土壤、水分、降雨量、风力风向、自然物种等) 分析及对策。

6) 拟采用的植物配置及特性。

7) 环境保护与景观设计情况。

8) 土地复垦与利用情况。

9) 施工中的环境保护措施及注意事项。

2　环境保护工程数量表。要求与初步设计相同。

3　降噪设计图。绘出降噪设计(如声屏障、降噪林等)的位置、结构类型、主要尺寸及规格等。比例尺用1:5～1:200。列出单位材料数量表。

4　污水处理设计图。绘出污水处理平面布置总图、构造详图。列出单位设备、材料数量表。比例尺用1:20～1:500。

5　其他环保工程设计图。要求与初步设计同。

6　植物配置表。要求与初步设计同。

7　景观工程数量表。要求与初步设计同。

8　景观工程设计图。绘出各区段景观绿化设计图及大样图。绘出硬质景观设计图及大样图。

5.2.10　第九篇　其他工程

1　说明。

1)初步设计(或技术设计)批复意见执行情况。

2)渡口码头、改路改渠等其他工程的说明。

3)施工方法及注意事项。

2　渡口码头数量表。列出桩号、河名或地名、河流宽度、工程和设备名称、单位数量、采用图纸编号、工程或设备数量。

3　渡口码头设计图。示出渡口码头平面位置、渡口管理机构平面位置、码头停车场位置、引道纵坡和有关结构图及各部尺寸、河流方向、水位。平面图比例尺用1:500～1:2 000;垂直比例尺相应地用1:50～1:200;结构图比例尺用1:50～1:200。

4　其他工程数量表。列出改移公路、辅道、支线及分离式立体交叉桥与通道端的接线、改移河道、悬出路台、防雪走廊、港湾式停车带、观景台等的桩号、数量等。

5　其他工程设计图。按不同工程分别绘制,防雪走廊应示出平面、横断面图,并示出结构设计详图;改移道路、沟渠(河)应示出平面、纵断面和横断面图。比例尺根据需要确定。

5.2.11　第十篇　筑路材料

1　说明。

1)初步设计(或技术设计)批复意见执行情况。

2)沿线筑路材料质量、储量及采运条件的说明。

3)大型料场的说明。

4)与地方政府就料场开采、运输的意向协议等。

2　沿线筑路材料料场表。列出料场编号、材料名称、料场位置(距路线距离、上路桩号)、料场说明、储藏量、计划用量(路面、特大桥、大桥、中桥、其他构造物)、覆盖层(种类、厚度、面积)、开采时间、运输方式、通往料场的道路情况及所需便道、便桥长度等。

3　沿线筑路材料试验资料表。要求与初步设计相同。

4　沿线筑路材料供应示意图。示出路线的桩号、特大桥、大桥、中桥、隧道、互通式立体交叉、分离式立体交叉、大型挡土墙及两侧主要料场的位置、材料上路桩号及距离。特大桥、大桥、隧道、互通式立体交叉应分别计算运距。中桥和分离式立体交叉及大型挡土墙也可分别计算运距。路面及其他构造物等可全线分段计算平均运距。计算运距时可根据施工组织设计及招标段落划分情况，考虑集中预制、集中拌和因素，计算各项工程原材料、成品及半成品的运距。

5.2.12　第十一篇　施工组织计划

1　说明。

1）初步设计（或技术设计）批复意见执行情况。

2）施工组织、施工期限、主要工程的施工方法、工期、进度及措施。

3）主要材料供应、运输方案及临时工程的安排。

4）对缺水、风沙、高原、严寒等地区以及冬季、雨季施工所采取的措施。

5）对交通工程及沿线设施施工协调和分期实施有关问题的说明。

6）施工准备工作的意见（如拆迁、用地、修便道、便桥、临时房屋、架设临时电力设施等）。

2　施工便道主要工程数量表。列出施工便道的长度、宽度、防护工程圬工数量、便桥数量等。

3　其他临时工程数量表。包括独立便桥、预制场、拌和场、施工场地、电力线等。列出地点或桩号、工程名称、工程说明、工程数量等。

4　公路临时用地表。列出位置或桩号、工程名称、隶属（县、乡、个人）、长度、宽度、土地类别及数量。

5.2.13　第十二篇　施工图预算

施工图预算应按交通部现行《公路基本建设工程概算、预算编制办法》和《公路工程预算定额》及其他相关规定编制。

5.3　改（扩）建公路工程

改（扩）建公路工程施工图设计文件应满足第5.2条的编制规定，一阶段施工图设计文件应增加第3.3条规定的有关内容。此外，还应增加下列内容。本条适用于高速公路、一级公路，其他公路可参照执行。

5.3.1　第一篇　总体设计

1　说明利用和废弃原有公路的情况。

2　废弃拆毁原有桥涵及其他构造物的情况。

3　原有路基、路面、桥涵、隧道及其他构造物的利用、加固、加宽、接长等情况。

5.3.2 第二篇　路线

1　改建(线)路段衔接处的连接部线位数据图。

2　改建(线)路段衔接处的连接部高程数据图。

5.3.3 第三篇　路基、路面

1　说明。

1）原有公路技术状况及现状的描述。包括原有公路的标准横断面、原有公路存在的主要问题及现状、新旧路基衔接设计、原有公路构造物的维修利用、加固、废弃情况的说明。

2）旧路面病害调查与检测情况。包括路面破损调查、路面检测、公路现状及病害评价、路面主要病害及原因分析以及旧路面的处治原则、处治方案比选及推荐方案的确定等。

2　原有公路路基、路面利用、维修、拆除一览表。列出起讫桩号、长度、构造物名称、位置、简要说明、工程及材料数量等。

5.3.4 第四篇　桥梁、涵洞

1　说明。

1）改(扩) 建的桥梁、涵洞采用的设计标准、荷载等级、地震动峰值加速度系数、设计洪水频率、桥面宽度组成等的情况。

2）主要材料及新技术采用情况。

3）利用、加固原有桥梁、涵洞的结构现状及补充检测报告的主要结论。

4）利用、加固原有桥梁、涵洞结构分析计算情况。

5）新旧桥涵连接设计情况。

6）利用的原有桥涵维修加固设计情况。

7）施工方法及注意事项。

2　特大、大、中桥桥梁表。列出中心桩号、河流名称或桥名、改(扩) 建宽度、孔数及孔径、交角、全长、上下部结构类型、加宽方法、维修加固方法等。

3　特大、大、中桥图纸。

1）主要工程数量表。按上下部结构、护栏及搭板、附属工程、临时工程列出新建、连接部及部分拆除原桥的工程材料数量、维修加固的工程材料数量。

2）桥位平面图。示出原有桥梁边线、改(扩) 建宽度、附属构造。

3）桥型布置图。绘出桥梁(包括主要调治构造物和防护工程) 的立面、平面、横断面和各部构造尺寸等[包括原有桥梁宽度、改(扩)建宽度]。示出河床断面(山区或地形复杂的桥梁应有三条地面线) 地质分界线、各种设计水位、冲刷深度、墩台高度及基础埋置深度、桥面纵、横坡度等。当为弯桥或斜桥时,还应示出桥轴线半径、水流方向及斜交角度。还应在图的下部各栏中示出里程桩号、设计高度、坡度、坡长、竖曲线要素、平曲线等。

比例尺用1:200~1:2 000。示出原桥结构形式、桥梁维修加固方法。

4）结构设计图。

（1）连接构造图。按上下部构造图分别绘出新建桥梁、原有桥梁及连接部构造。比例尺用1:50~1:500,细部结构可用1:5~1:50。当加宽部、连接部构造采用标准图时，本图可不绘,但应在桥型布置图中注明标准图的名称及编号。

（2）维修加固构造图。按上下部构造图分别绘出维修加固构造图。比例尺用1:50~1:500,细部结构可用1:5~1:50。

5）需要改造的附属构造图。

4　小桥工程数量表。列出新建、连接部及部分拆除原桥的工程材料数量、维修加固的工程材料数量。

5　小桥设计图。

1）桥型布置图。内容同特大、大、中桥。

2）结构设计图。内容同特大、大、中桥。

6　涵洞工程数量表。列出加长长度、连接部分及部分拆除原涵洞工程材料数量。

7　涵洞设计图。

1）布置图。示出原涵长度、加长长度、连接大样,说明涵洞结构形式、洞口部分拆除情况,比例尺用1:25~1:200。

2）结构设计图。特殊设计的［为适应改(扩）建的］应绘制本图,比例尺用1:25~1:200。

8　废弃拆毁原有桥涵及其他构造物表。列出中心桩号、河名或桥涵名称、交角、孔数及孔径、长度、结构类型、废弃原因及拆除数量。

5.3.5　第五篇　隧道

1　说明。

1）改建隧道设计标准。

2）利用、改建隧道现状及检测的主要结论。

3）利用、改建隧道结构分析计算情况说明。

4）各类支护衬砌结构设计说明。

5）施工方法及施工组织。

2　利用或改建隧道表。要求与初步设计相同。

5.3.6　第七篇　交通工程及沿线设施

1　原有公路交通工程及沿线设施的设置现状。

2　原有公路交通工程及沿线设施的利用、改建情况。

3　原有公路交通事故多发路段的交通工程措施。

应分别说明各专业所采用的主要设备、材料等的关键技术参数、性能指标等,并说明设备安装调试注意事项、施工方法、工艺、工序等要求。各专业设计说明应放在相应专业文件分册中,位于各专业设计图表之前。

5.3.7 第八篇　环境保护与景观设计

1　高速公路、一级公路和二级公路改(扩)建工程应对原有工程的环境保护设施及改(扩)建过程中可能引发的环境保护问题进行评价,并提出相应对策。

2　原有建筑材料的废弃与利用情况。

5.3.8 第十一篇　施工组织计划

1　说明。

1)工程实施对原有公路通行的影响情况。

2)交通组织设计的原则及内容。

3)交通组织设计方案及比选论证情况。

2　临时交通工程设置一览表。列出序号、名称、单位及数量、备注等情况。

3　施工期临时交通组织设计图。详细的交通限流、分流、封闭及绕行等交通管制措施设计图;为保持原有公路畅通及地方道路的通行而设置的临时工程设计图。包括路网分流、绕行设计方案和交通管制措施等设计图;为保持原有公路畅通及地方道路的通行而设置的临时工程设计图。

5.4 基础资料

5.4.1 各级政府相关部门的批准文件。

5.4.2 专题研究成果资料。

5.4.3 平面控制测量、高程控制测量资料。

5.4.4 地质勘察资料。

5.4.5 水文调查与计算资料,流速、流量模型试验等资料。

5.4.6 原有公路路基、路面、桥涵、隧道检测与评价等资料。

5.4.7 其他。

6 设计成果的提交

6.0.1 各阶段的设计文件幅面尺寸应采用297mm×420mm(横式)和210mm×297mm(立式)。设计文件应装订成册,每册不宜过厚或过薄,以便于使用和保管。

各种设计图纸的幅面尺寸一般采用297mm×420mm。必要时可增大幅面,其尺寸应符合国家现行《道路工程制图标准》的规定,送审的图纸应按297mm×420mm折叠,也可按210mm×297mm折叠;但必须按210mm×297mm折叠归档;交付施工的图纸可不折叠。

6.0.2 设计文件每册封面上一般应列出公路路段或建设项目名称(或工程代号)及里程全长、设计阶段及设计文件名称、册数(第××册　共××册)、测设单位名称。

设计文件每册扉页的内容应包括公路路段或建设项目名称(或工程代号)及里程全长,设计阶段及设计文件名称、册篇组成,主办单位、勘察设计证书等级及编号、各级负责人签署,参加测设人员(技术员以上)姓名、职务、职称,及工作项目或内容、设计文件编制年月。

设计文件每册应有总目录。

设计文件中的图表均应由相应资格的设计、复核、审核人员签署。

送审的设计文件封面颜色:初步设计为淡绿色,技术设计为粉红色,施工图设计为奶油白色或象牙白色。

6.0.3 路线平纵面缩图、路线平面图、路线纵断面图等的起讫方向均应从左到右,里程桩号由小到大,标注的字头向上,但地形图上的标注仍按测绘标注不变。

6.0.4 设计文件中的计量单位应采用《中华人民共和国法定计量单位》;公路工程名词应采用《公路工程技术标准》、《公路工程名词术语》、《道路工程术语标准》及有关技术规范、规程所规定的名词,无规定时可采用习惯使用的名词。

6.0.5 所有重要的有价值的试验资料、设计计算资料,以及按保密法划分为密级以上的原始资料均不附入文件中,但应整理归档备查。

6.0.6 设计文件报送主管部门或委托单位的份数为:两阶段(或三阶段)初步设计第一篇16份、其他各篇10份,技术设计10份,施工图设计8份;一阶段施工图设计14份。如需要增加份数可与设计单位协商解决。

6.0.7 为便于公路建设、运营、养护和改(扩)建等工作,建设单位可与设计单位协商,在提交纸质文件的同时,提交对应的电子文件。

1 提交的电子文件应与纸质文件完全一致,包括文件名称、版式、内容等。

2 为保证电子文件的通用性和易用性,文件保存格式应采用国际上较为通用的数据格式,如 DWG、DOC、XLS 等。

3 电子文件应保存在较为通用的存储设备中(如光盘等)提交,以便于保存、浏览。

附录 A　设计文件常用符号规定

表 A　设 计 文 件 常 用 符 号

名　　称	英文符号	汉语拼音或 国际通用符号	备　　注
交点	I. P.	JD	(交点)
转点	T. P.	ZD	(转点)
导线点	R. P.	DD	(导点)
圆曲线起点	B. C.	ZY	(直圆)
圆曲线中点	M. C.	QZ	(曲中)
圆曲线终点	E. C.	YZ	(圆直)
复曲线公切点	P. C. C.	GQ	(公切)
第一缓和曲线起点	T. S.	ZH	(直缓)
第一缓和曲线终点	S. C.	HY	(缓圆)
第二缓和曲线终点	C. S.	YH	(圆缓)
第二缓和曲线起点	S. T.	HZ	(缓直)
反向平曲线点	P. R. C.	FGQ	(反拐曲)
变坡点	P. V. I.	SJD	(竖交点)
竖曲线起点	B. V. C.	SZY	(竖直圆)
竖曲线终点	E. V. C.	SYZ	(竖圆直)
竖曲线公切点	P. C. V. C.	SGQ	(竖公切)
反向竖曲线点	P. R. V. C.	FSGQ	(反竖拐曲)
比较线标记	A、B、C…	A、B、C…	冠在比较线里程桩号前和 B. M. 号后
改线、改移、差错改正	R	G	冠在比较线里程桩号前
公里标	K	K	符号书写在里程桩号前
转角		Δ	
左转角		Δ_L	
右转角		Δ_R	
缓和曲线角		β	

续上表

名　　称	英文符号	汉语拼音或国际通用符号	备　　注
缓和曲线参数	A	A	
平、竖曲线半径	R	R	
曲线长(包括缓和曲线长)	L	L	
圆曲线长	L_C	L_y	(L圆)
缓和曲线长	L_S	L_h	
平、竖曲线切线长(包括设置缓和曲线所增切线长)	T	T	
平曲线外距(包括设置缓和曲线所增外距)、竖曲线外距	E	E	
校正值(两切线与曲线长度的差值,包括设置缓和曲线所引起的变动)	D	J	(校)
超高值	h_s(或 e)	h_c	
超高缓和长度	l_r	l_c	
加宽缓和长度	l_w	l_j	
横坐标	X	X	
纵坐标	Y	Y	
方位角		θ	
计算方位角		θ_c	
方向角	Z	ϕ	
计算方向角	Z_c	ϕ_j	
水准点	B. M.	B. M.	
高程	EL.	EL.	
设计高程	D. EL.	D. EL.	
路基宽度	B	B	
用地界	R/W(或 R. O. W)	YDJ	(用地界)
路面宽度	b	b	
路基加宽度	B_w	B_j	
路面加宽度	b_w	b_j	
流量	Q	Q	
流量、计算行车速度	V	V	
设计水位	D. W. L.	SW	(设位)
历年最高洪水位	H. W. L.	GW	(高位)
多年平均洪水位	M. F. L.	PW	(平位)

续上表

名　称	英文符号	汉语拼音或国际通用符号	备　注
历年最高流冰水位	H. I. W. L.	BW	(冰位)
历年最高潮水位	H. T. W. L.	CW	(潮位)
通航水位	N. W. L.	HW	(航位)
普通水位	O. W. L.	TW	(通位)
测量时水位	S. W. L.	LW	(量位)
地下水位	U. W. L.	DW	(地位)
东	E	E	
南	S	S	
西	W	W	
北	N	N	
左	L	Z	(左)
右	R	Y	(右)
面积	A	A	
填高	F	T	(填)
挖深	C	W	(挖)
填面积	A_F	A_T	
挖面积	A_C	A_W	
体积	V	V	
长	L,l	L	
宽	B,b	B,b	
高	H,h	H,h	
厚	d,δ	d,δ	
直径	D,d	D,ϕ	
半径	R,r	R,r	
初步设计标记		C	冠于各种图号、表和里程桩号前
施工图设计标记		S	
技术设计标记		J	
智能交通运输系统	ITS		
年平均日交通量	AADT		
控制中心	CC		
交通监控中心	TSC		
同步数字系列	SDH	SDH	
因特网协议	IP	IP	

续上表

名　　称	英文符号	汉语拼音或国际通用符号	备　　注
同步传送模块	STM-X		X 表示阶数
综合业务接入网	ISDN	ISDN	
本地基准参考时钟	LPR		
基准参考时钟	PRC		
公众电话网	PSTN		
光配线架	ODF		
程控交换机	PBX 或 SPC		
数字配线架	DDF		
总配线架	MDF		
通信局(站) 综合授时系统	BITS		
光线路局端设备	OLT		
光网络单元	ONU		
聚氯乙烯	PVC		
误码率	BER	BER	
光时域反射测量仪	OTDR		
漏泄同轴电缆	LCC		
紧急电话	ET		
分插复用器	ADM		
收费系统	TS		
人工半自动收费	MTC		
电子收费(不停车收费)	ETC		
动态称重系统	WIM		
计算机	PC		
磁盘阵列	RAID		
光盘刻录机	DVD ± RW		
光端机	OTR		
区域控制单元	ACU		
磁带录像机	VTR		
硬盘录像机	HDVR		
发光二极管	LED		
可变信息标志	CMS		
小型可变信息板	SCMS		
气象检测器	WD		

续上表

名　　称	英文符号	汉语拼音或 国际通用符号	备　　注
背光补偿	BLC		
三可变控制	PTZ		
电荷耦合器件	CCD		
自动增益控制	AGC		
可变限速标志	CSLS		
闭路电视	CCTV		
不间断电源	UPS		
车辆检测器	VD		
图形用户接口	GUI		
车道控制标志	LS		
输入/输出	I/O		
一氧化碳检测器	CO		
能见度检测器	VI		
交通信号灯	LS		
手动紧急按钮	PB		
自动火灾检测器	FD		
集成电路	IC	IC	
风速检测器	TW		
风速风向检测器	WS		
接地系统	GCS		
可编辑逻辑控制器	PLC		
平均无故障时间	MTBF	MTBF	
直流	DC	DC	
交流	AC	AC	
电磁兼容性	EMC	EMC	

附录 B 交通工程及沿线设施与主体工程设计界面划分

B.1 一般规定

B.1.1 公路工程基本建设项目从设计内容上可分为主体工程、交通工程及沿线设施两部分。交通工程及沿线设施主要包括管理养护设施、监控设施、通信设施、收费设施、供配电设施、照明设施、房建设施以及服务设施等项内容。

B.1.2 为保证公路工程基本建设项目设计组成的统一、完整,应针对具体项目成立总体设计组,负责主体工程与交通工程及沿线设施的总体设计并协调相关设计事宜。主体工程与交通工程及沿线设施设计单位应按照《公路工程基本建设项目设计文件编制办法》要求,做好各部分的总体设计。

B.1.3 主体工程设计与交通工程及沿线设施设计间,以及交通工程及沿线设施各系统间设计界面的划分,应保证多专业交叉设计时不漏项、不重复。

B.2 主体工程与交通工程及沿线设施设计界面

B.2.1 与主体工程设计密切相关的交通工程及沿线设施,其设计方案、位置、规模等,由总体设计组会同主体工程设计单位与交通工程及沿线设施设计单位共同研究商定。相关征地、拆迁图表与数量由主体工程设计单位统一汇列。

B.2.2 对通过桥梁构造物及路基范围内的各类管道,交通工程及沿线设施设计单位与主体工程设计单位间应协商落实管道设置位置并相互提供资料,主体工程预留管道及检查井位置。

B.2.3 在桥梁构造物上设置各类设施的基础,交通工程及沿线设施设计单位应事先与主体工程设计单位协商,并提供基础位置、受力条件、预埋件的安装方式图等技术资料。主体工程设计单位在构造物设计中一并完成基础及预埋件的设计并计列工程(材料)数量。

B.2.4 公路隧道通风、消防、供电照明、监控及紧急救援等附属设施均纳入主体工程统一考虑设计。交通工程及沿线设施在确定管理养护机构设置方案时可根据主体工程对隧道后期运营管理需要，为隧道机电信息上传上级管理机构预留必要的传输接口和设备，并可在管理中心对机电信息统一考虑设计。

B.2.5 交通安全设施纳入主体工程统一考虑设计。

B.2.6 收费广场土建工程（路基、路面、及排水）由主体工程设计单位完成，交通工程及沿线设施设计单位向主体工程设计单位提供车道数、收费岛尺寸、收费车道宽等技术资料。收费广场路面以上的收费岛、收费亭、收费天棚及预埋管道设计由交通工程及沿线设施设计单位完成。对设置通道的收费广场，通道设计由交通工程及沿线设施设计单位完成，广场处路线标高，由交通工程及沿线设施设计单位与主体工程设计单位协商确定。

B.2.7 服务区、停车区出入口加减速车道以及连接道路由主体工程设计单位随主线一并设计，并计列相应的工程数量。服务区、停车区场区土（石）方工程应结合全线土石方调配情况，与路基工程同步实施。交通工程设计单位提供场区设计高程，主体工程设计单位完成场坪设计和区域综合排水系统设计。

B.2.8 交通工程房建专业中有关场区内的绿化由主体工程绿化景观专业统一考虑设计，房建专业向绿化景观专业提供建筑总图设计资料。

B.2.9 交通工程概（预）算中建筑安装工程费的计算应按照有关专业部门和工程所在地的地区统一直接工程费定额和相应的间接费定额计算，其中间接费中含有“定额编制管理费”和“上级管理费”细目的，均应扣除。其他费用应按交通部颁发的相关规定执行，并协助主体工程设计单位汇入路线工程概（预）算中。